CORPVS CHRISTIANORVM

Series Latina

CLX J

Supplementum

CORPVS CHRISTIANORVM

Series Latina

CLX J

CORPVS ORATIONVM

TOMVS XI

SVPPLEMENTVM

TURNHOUT
BREPOLS ❧ PUBLISHERS
2020

CORPVS ORATIONVM

TOMVS XI

SVPPLEMENTVM

COLLECTARIVM ORATIONVM DEFVNCTORVM

curauit

Dom Louis-Marie COUILLAUD mb

TURNHOUT

BREPOLS ❧ PUBLISHERS

2020

CORPVS CHRISTIANORVM

Series Latina

in ABBATIA SANCTI PETRI STEENBRVGENSI
a reuerendissimo Domino Eligio DEKKERS
fundata
nunc sub auspiciis Vniuersitatum
UNIVERSITEIT ANTWERPEN
VRIJE UNIVERSITEIT BRUSSEL   UNIVERSITEIT GENT
KATHOLIEKE UNIVERSITEIT LEUVEN
UNIVERSITÉ CATHOLIQUE DE LOUVAIN
edita

editionibus curandis praesunt
Rita BEYERS   Alexander ANDRÉE   Emanuela COLOMBI
Georges DECLERCQ   Jeroen DEPLOIGE   Paul-Augustin DEPROOST
Greti DINKOVA-BRUUN   Anthony DUPONT   Jacques ELFASSI
Guy GULDENTOPS   Hugh HOUGHTON   Mathijs LAMBERIGTS
Johan LEEMANS   Paul MATTEI   Gert PARTOENS   Marco PETOLETTI
Dominique POIREL   Kees SCHEPERS   Paul TOMBEUR
Toon VAN HAL   Marc VAN UYTFANGHE   Wim VERBAAL

uoluminibus parandis operam dant
Luc JOCQUÉ   Tim DENECKER
Bart JANSSENS   Christine VANDE VEIRE

D/2020/0095/61
ISBN 978-2-503-58907-7
Printed in the EU on acid-free paper

Nolumus autem vos ignorare, fratres,
de dormientibus, ut non contristemini
sicut et ceteri, qui spem non habent.

I Thess 4,13

Totius Ecclesiae preces
sunt apud Deum exaudibiles.

S. Thomas Aquinas, *Summa theologicae*, III[a] q.64 a.1 ad 2

PRÉFACE

INTRODUCTION

§ 1. « La prière est pour l'homme le premier des biens » ([1]). La sainte Église, en effet, en tant que « société de la louange divine » ([2]), adresse à Dieu des prières et des supplications « non seulement pour les vivants, mais aussi pour les défunts, et elle les recommande à Dieu le Père par l'offrande de l'oblation sacrée, croyant avec la plus grande certitude que le Précieux Sang qui a été répandu pour la multitude en rémission des péchés, vaut pour le salut des vivants, mais également pour l'absolution des défunts » ([3]).

§ 2. Telle est en effet la tradition de l'Église depuis les temps apostoliques et les premières générations de chrétiens ([4]). Attestée par Tertullien et saint Cyprien, cette tradition est également affirmée par saint Augustin dans l'un de ses sermons : « Ce qui a été transmis par les Pères, voilà ce que l'Église accomplit : elle prie pour ceux qui sont morts dans la communion du Corps et du Sang du Christ, lorsqu'il est fait mémoire d'eux dans le sacrifice de la Messe, et elle fait mémoire également de ceux pour qui ce même sacrifice est offert » ([5]). Et saint Augustin écrit encore dans son traité *Des soins dus aux morts* : « Nous lisons dans le Livre des Maccabées qu'un sacrifice a été offert pour les morts [cfr 2 Mac. 12, 43-45]. Mais alors même que nous ne lirions nulle part un tel fait dans l'Ancien Testament, la grande autorité de l'Église universelle suffirait à accréditer cette coutume, puisque dans les prières que le

---

(1) Dom Prosper GUÉRANGER, *Année liturgique*, préface. Cfr aussi AMBROISE DE MILAN, *De excessu fratris Satyris* I, 42 (*CSEL*, 73), p. 232 ; PIERRE LE VÉNÉRABLE, *Epistula XX ad Gislebertum* – éd. G. Constable, t. I, Cambridge, MA, p. 37, l. 12.

(2) Selon le titre donné au dernier opuscule que Dom Guéranger a dicté quelques semaines avant sa mort.

(3) GUILLAUME DURANT, *Rationale divinorum officium* IV, 45, 2 (*CCCM*, 140), p. 491 (traduction libre).

(4) Les quelques ouvrages rassemblés dans la bibliographie donnent les principaux éléments théologiques et historiques de la liturgie des défunts.

(5) AUGUSTIN D'HIPPONE, *Sermo* CLXXII, 2 (*PL*, 38), col. 936, l. 43 (traduction libre) ; cfr TERTULLIEN, *De exhortatione castitatis* XI, 1 (*CCSL*, 2), p. 1031, *De corona* III, 3 (*CCSL*, 2), p. 1043, et CYPRIEN DE CARTHAGE, *Epistula* I, 2 (*CCSL*, 3B), p. 3-4.

prêtre offre au Seigneur notre Dieu sur son autel, elle réserve une place à la recommandation des morts » ([6]).

§ 3. Or, depuis les premiers siècles de l'Église, la liturgie des défunts a connu un tel développement qu'elle se présente à nous aujourd'hui riche d'un très grand nombre d'oraisons (collectes, *super oblata*, *post nomina*, postcommunions, *super populum*) débordantes, pour ainsi dire, de trésors spirituels ([7]). Par le choix des mots et des expressions, par la diversité des sources et plus encore par leur génie propre, les anciens auteurs liturgiques, depuis l'Antiquité chrétienne jusqu'à la fin de l'époque médiévale, ont formulé avec une profondeur inégalée la foi, l'espérance et la charité de l'Église lorsque celle-ci prie pour les âmes des défunts et offre pour eux le sacrifice de la messe afin qu'ils soient délivrés de leurs péchés. En vérité, ces auteurs ont vécu et appliqué dans leurs œuvres l'adage traditionnel *sentire cum Ecclesia* et, en exprimant la langue du cœur par la langue latine, ils nous ont légué un admirable trésor de doctrine.

DOCTRINE DE LA LITURGIE DES DÉFUNTS

§ 4. Cette doctrine, présente dans les abondants formulaires que l'on trouve déjà dans les plus anciens sacramentaires, est celle de l'anthropologie chrétienne où la personne humaine, homme ou femme, est reconnue comme un être à la fois corporel et spirituel. Loin d'introduire un quelconque dualisme, cette anthropologie considère la réalité de l'être humain qui est par nature « un de corps et d'âme ». Le mot *âme* – expression biblique autant que philosophique et patristique – désigne ici ce qu'il y a de plus intime et de plus grande valeur dans la personne humaine, à savoir le principe de vie, principe spirituel et par conséquent immortel, donné directement par Dieu à chacun ([8]). Cette profonde unité de la personne humaine montre ainsi que, dès leur conception, tout homme et toute femme sont ordonnés à une fin qui les dépasse et qui n'est pas terrestre. Cette fin surnaturelle est l'objet du désir de bonheur inscrite dans la nature humaine selon le Dessein du Créateur : être élevé par la grâce à la communion avec Dieu dans le mys-

---

(6) AUGUSTIN D'HIPPONE, *De cura gerenda pro mortuis* I, 3 (*BA*, 2), p. 466-467 ; (*CSEL*, 41), p. 623-624.

(7) Cfr E. MOELLER, J.-M. CLÉMENT et B. COPPIETERS 'T WALLANT, *Corpus orationum* (*CCSL*, 160-160M), 14 volumes.

(8) Cfr Concile de Vienne en 1312 (Denz. 902) ; S. CONGRÉGATION POUR LA DOCTRINE DE LA FOI, *Lettre sur quelques questions concernant l'eschatologie*, Cité du Vatican, 1979 ; *Catéchisme de l'Église catholique*, n. 362-368.

tère de la Trinité, à participer à sa vie même et à sa béatitude, « ici-bas dans l'obscurité de la foi et au-delà de la mort dans la lumière éternelle » ([9]).

§ 5. Selon ce même Dessein connu par la Révélation divine, la personne humaine a été créée bonne et libre, en harmonie avec elle-même et l'ensemble de la création, et surtout en amitié avec Dieu. Cette harmonie et cette amitié dans la justice originelle ont été perdues par le péché de nos premiers parents, laissant la nature humaine blessée, inclinée au péché et soumise à la domination de la mort. Cependant, Jésus-Christ, le Fils de Dieu, par son Incarnation, sa Passion et sa Résurrection, a brisé le pouvoir du péché et de la mort, et a réconcilié tous les hommes avec Dieu, leur donnant ainsi, moyennant la foi, l'espérance du Salut.

§ 6. La liturgie des défunts, depuis ses origines, est donc le parfait reflet de la foi chrétienne puisqu'elle transmet, dans un langage simple et admirable, les grandes vérités de la Révélation : la vocation surnaturelle de la personne humaine, la justice et la miséricorde de Dieu, la réalité et la gravité du péché, la mort (séparation de l'âme et du corps) comme peine du péché, la rétribution de chacun selon ses mérites dans un jugement particulier, la Rédemption et le Salut par le sacrifice de la Croix, l'espérance de la vie éternelle fondée sur la Résurrection du Christ, la toute-puissance de Dieu et la résurrection de la chair (c'est-à-dire la réunification pour l'éternité de l'âme avec son corps), la joie et les biens du Royaume des Cieux ; mais aussi le Purgatoire où les fautes inexpiées retiennent les âmes dans l'attente de leur délivrance, le Jugement dernier qui adviendra lors du retour du Christ, de l'Enfer, la possibilité réelle de la damnation et de l'éternité des peines ; enfin et surtout, la communion entre tous les membres de l'Église dans la charité, sur laquelle se fonde la prière adressée à Dieu en faveur des âmes du Purgatoire.

PRÉSENTATION DU RÉPERTOIRE

§ 7. Les oraisons de la liturgie des défunts, contenues dans les anciens sacramentaires et missels latins, n'ont pas été répertoriées par les auteurs du célèbre *Corpus orationum*. Ceux-ci, en effet, avaient jugé qu'une telle classification n'était pas possible étant donné le grand nombre et la diversité de ces oraisons. Aussi, ne les ont-ils pas insérées dans le calendrier liturgique, ni dans les index des messes

---

(9) PAUL VI, *Profession de foi*, 30 juin 1968.

rituelles et votives que l'on peut consulter à la fin du douzième tome du *Corpus orationum* ([10]).

§ 8. Cependant, les études théologiques, la méditation des textes liturgiques de l'Église, mais également la recherche scientifique et historique, réclamaient que cette absence fût comblée et que ces oraisons soient rassemblées et classées ; d'autant plus qu'un inventaire des préfaces des messes des défunts a été établi par Dom Moeller dans son *Corpus praefationum* ([11]). C'est pourquoi, il est apparu nécessaire de proposer un répertoire systématique des oraisons des défunts afin de compléter les tables et index déjà disponibles. Pour accomplir ce travail, l'ensemble des quatorze tomes du *Corpus orationum* a été relu par ordre et en entier : le présent volume est le fruit de cette relecture qui s'est voulue la plus attentive possible.

§ 9. Dans un souci de fidélité et de cohérence avec les travaux de Dom Moelher et de ses continuateurs, la matière est donc disposée comme suit : dans le chapitre premier, on trouve les oraisons des défunts classées selon leurs titres ou rubriques liturgiques ; dans le second chapitre, ces mêmes oraisons sont classées par ordre alphabétique d'après leurs *incipit*, selon la méthode adoptée jadis par Dom Bruylants ; dans le troisième chapitre, elles sont classées par ordre alphabétique d'après leurs *explicit* ou clausules ; enfin, dans le quatrième chapitre, sont répertoriés les éléments variables de l'*Ordinarium Missae* concernant les défunts (*Hanc igitur, Memento, post Sanctus, ante Orationem dominicam, post Orationem dominicam*). Dans ces quatre chapitres, chaque oraison est répertoriée de la même manière que dans les tables du *Corpus orationum*, c'est-à-dire avec le numéro du tome où elle se trouve, suivi de son numéro propre. Par exemple, V 3259 renvoie à l'oraison n° 3259 présente dans le tome cinquième.

§ 10. On notera que le onzième tome du *Corpus orationum* (*Addenda et corrigenda*) ne comporte pas d'élément se rapportant à la liturgie des défunts. Enfin, pour compléter la matière du présent répertoire, on pourra consulter les tomes treizième et quatorzième du *Corpus orationum* dont les tables rassemblent les oraisons des défunts des livres liturgiques récents.

---

(10) Cfr *Corpus orationum* XII, introduction (*CCSL*, 160K).

(11) Cfr E. MOELLER, *Corpus praefationum*, Calendarium liturgicum, § V. Commune defunctorum (*CCSL*, 161), p. CXLVIII-CXLIX.

BIBLIOGRAPHIE

Catéchisme de l'Église catholique, Cité du Vatican, Paris, 1997.

Benoît XVI, *Encyclique Spe salvi (Sauvés dans l'espérance). Sur l'espérance chrétienne*, Cité du Vatican, 2007.

Congrégation pour la Doctrine de la Foi, *Lettre sur quelques questions concernant l'eschatologie*, Cité du Vatican, 1979.

Commission théologique internationale, « De quibusdam quaestionibus actualibus circa eschatologiam », *Gregorianum*, 73 (1992), p. 395-435 (version officielle latine).

Denzinger, Heinrich, *Symboles et définitions de la foi catholique. Enchiridion symbolorum*, trad. Peter Hünermann, Paris, 2001.

Barba, Maurizio, « Il ritorno dell'anima nell' eucologia delle Missae Defunctorum », *Ecclesia orans*, 20 (2003), p. 209-233 (article reproduit dans M. Barba, *Il Messale Romano*, Cité du Vatican, 2004, ch. XII, p. 387-413).

Blaise, Albert, *Le vocabulaire latin des principaux thèmes liturgiques*, Turnhout, 1966.

Botte, Bernard, « Les plus anciennes formules de prière pour les morts », dans *La maladie et la mort du chrétien dans la liturgie* (Conférences Saint-Serge, 1974) (*Bibliotheca « Ephemerides Liturgicae – Subsidia »*), Rome, 1975, p. 83-99.

Bynum, Caroline Walker, *The ressurection of the body in Western Christianity (200-1336)*, New York, 1995.

Cabrol, Fernand, *La prière pour les morts*, Paris, 1901.

Carozzi, Claude, *Le voyage de l'âme dans l'au-delà d'après la littérature latine (Ve-XIIIe siècles)*, (*Collection de l'École française de Rome*, 189), Rome, 1994.

Cazanave, Emmanuel, « Le temps de la résurrection et la théorie de la résurrection dans la mort », dans *La résurrection de la chair. Actes du colloque de la Faculté de théologie de l'Institut catholique de Toulouse (19-20 mai 2017)* – éd. Ph.-M. Margelidon, Paris, 2018, p. 123-145.

Couillaud, Louis-Marie, « Les corps glorieux d'après l'enseignement de saint Thomas d'Aquin dans la *Somme contre les gentils* (Lib. IV, cap. 79-97) », *Revue thomiste*, 119 (2019), p. 247-297.

Dettori, Hieronymus, *L'officio dei defunti : storia, dissertazione storica, liturgica*, Rome, 1960.

Gy, Pierre-Marie, « La mort du chrétien », dans A.-G. Martimort, *L'Église en prière*, Paris, 1965³, p. 636-648.

Hourlier, Jacques, « Saint Odilon et la fête des morts », *Revue grégorienne*, 28 (1949), p. 208-212.

KRUIJEN, Christophe J., *Peut-on espérer un salut universel ? Étude critique d'une opinion théologique contemporaine concernant la damnation* (*Sagesse et cultures*), Paris, 2017.

LAPOINTE, Guy, « Le langage liturgique sur la mort », dans *Essais sur la mort* – éd. G. Couturier, Québec, 1985, p. 335-356.

LAUWERS, Michel, *La mémoire des ancêtres, le souci des morts. Mort, rites et société au Moyen-Âge* (*Théologie historique*, 103), Paris, 1997.

LE GOFF, Jacques, *La naissance du purgatoire*, Paris, 1981.

LÉON-DUFOUR, Xavier, art. « Âme », dans *Vocabulaire de théologie biblique* – éd. X. Léon-Dufour, Paris, 1970², col. 39-43.

MARGELIDON, Philippe-Marie, *Les fins dernières. De la résurrection du Christ à la résurrection des morts* (*Sed contra*), Paris, 2016².

MARTELET, Gustave, *L'au-delà retrouvé*, Paris, 1974.

MOHRMANN, Christine, « Locus refrigerii », dans B. BOTTE et Ch. MOHRMANN, *L'ordinaire de la messe*, Paris-Louvain, 1953, p. 123-132.

NOCENT, Adrien, « La maladie et la mort dans le Sacramentaire gélasien », dans *La maladie et la mort du chrétien dans la liturgie* (Conférences Saint-Serge, 1974) (*Bibliotheca « Ephemerides Liturgicae – Subsidia »*), Rome, 1975, p. 243-260.

NOONAN, Pius, *L'option finale dans la mort. Réalité ou mythe ?*, Paris, 2016.

PAXTON, Frederick, *The Death Ritual at Cluny in the Central Middle Ages – Le rituel de la mort à Cluny au Moyen-Âge central* (*Disciplina monastica*, 9), Turnhout, 2013.

RATZINGER, Joseph, *La mort et l'au-delà. Court traité d'espérance chrétienne*, Paris, 2005².

ROSE, André, « Les oraisons et les monitions du nouveaux rituel des funérailles », *Questions liturgiques*, 54 (1973), p. 233-297.

ROUILLARD, Philippe, *Histoire des liturgies chrétiennes de la mort et des funérailles*, Paris, 1999.

SCHUSTER, Ildefonse, *Liber sacramentorum. Notes historiques et liturgiques sur le Missel Romain*, t. 9, Bruxelles, 1933, p. 97-133.

SICARD, Damien, *La liturgie de la mort dans l'Église latine des origines à la réforme carolingienne* (Liturgiewissenschaftliche Quellen und Forschungen, 63), Münster, 1978.

—, « La mort du chrétien », dans *L'Église en prière* – éd. G.-A. Martimort, t. III, Paris-Tournai, 1983, p. 238-258.

TREFFORT, Cécile, *L'Église carolingienne et la mort. Christianisme, rites funéraires et pratique commémoratives* (*Collection d'histoire et d'archéologie médiévales*, 3), Lyon, 1996.

TROTTMANN, Christian, *La vision béatifique. Des disputes scolastiques à sa définition par Benoît XII* (*Bibliothèque des Écoles françaises d'Athènes et de Rome*, 289), Rome, 1995.

WICKI, Nikolaus, *Die Lehre von der himmlischen Seligkeit in der mittelalterlichen Scholastik von Petrus Lombardus bis Thomas von Aquin* (*Studia Friburgensia*, nouv. série, 9), Fribourg, 1954.

I. LES ORAISONS DES DÉFUNTS

§ 11. Ce premier index présente les oraisons qui appartiennent comme telles à la liturgie des défunts selon leur titre ou rubrique liturgique ; on y a également inséré les oraisons *ante mortem* (i. e. pour les infirmes à l'article de la mort, pour les agonisants, etc.). Il est divisé en six sections :

I. Oraisons *ante mortem*
II. Oraisons *post mortem* et avant la sépulture
III. Oraisons de l'Office des défunts
IV. Oraisons de la Messe des défunts
V. Oraisons pour la sépulture des défunts
VI. Oraisons pour les clercs défunts [1]

§ 12. À la suite de ces six sections, on a ajouté une septième table. Celle-ci présente, en premier lieu, les nombreuses autres oraisons (*post nomina*, le plus souvent) qui, sans appartenir expressément à des formulaires pour les défunts, mentionnent ces derniers. Ce sont, par exemple, les oraisons des messes dites « *missa generalis* », « *missa communis* », « *missa omnimoda* », ou encore « *missa pluralis* ». En second lieu, ont été insérées celles des oraisons du Temporal et du Sanctoral qui contiennent une référence explicite aux défunts.

I. Oraisons *ante mortem*

Pro infirmo de cuius salute desperatur, vel in extremis posito seu proximo morti

I 123, 872
II 1143
IV 2661, 2754
VI 3803
VIII 5243

Commendatio animae, alia oratio ad exitum animae / Oratio pro morte praeventis

III 1751 b
VI 3744

---

(1) Il a été jugé nécessaire d'établir cette dernière section dont le nombre d'oraisons et leur diversité ont été particulièrement développés au cours des siècles.

**Contra subitaneam mortem / Missa contra mortalitatem homi-
num / Missa in tempore – quod absit – mortalitatis**

I 362, 385, 504 a, 675 a A
II 1173, 1195, 1232
III 1722, 1830
IV 2411, 2471, 2485, 2502, 3022
V 3200, 3316, 3550
VI 3769 a, 3769 b, 4160 b, 4173 A, 4298
VII 4753, 4766 d
VIII 5139, 5300 B, 5536
IX 5603 [haec oratio pro missa contra subitaneam mortem conve-
nit, etsi sub hac rubrica non signatur], 5639, 5990

II. ORAISONS *POST MORTEM* ET AVANT LA SÉPULTURE

Oratio post obitum / In praesentia corporis defuncti

I 137, 172 a
III 1723, 2156
VI 3703

Pro defuncto in ipso die obitus

I 271
II 1144
V 3116 c [haec oratio pro die obitus defuncti convenit, etsi sub hac
rubrica non signatur]
VII 4676
IX 5818 [haec oratio pro ipso die obitus defuncti convenit, etsi sub
hac rubrica non signatur]

**Priusquam mortuus sepeliatur / Orationes post obitum homi-
nis, alia oratio ante (ad) sepulcrum priusquam sepeliatur**

I 172 c
III 1723, 2156
VI 3703, 4107
IX 5818 [valet etiam pro ipso die obitus]

III. ORAISONS DE L'OFFICE DES DÉFUNTS

Oratio ad matutinum, ad laudes vel ad vesperas

II 1170
III 1757 b, 2205

IV 2613, 2684 b A
VI 3744, 3809
VII 4425

Ordo defunctorum

II 1098
IV 2613

IV. Oraisons de la Messe des défunts

Pro uno defuncto

I 16 B, 152, 191, 264, 271, 272 C, 315, 436, 859
II 1042, 1098, 1141, 1146 a, 1146 b, 1177, 1212
III 2206
IV 2531, 2613 [hae duae orationes pro uno defuncto conveniunt, etsi sub hac rubrica non signantur], 2684 a, 2684 b A, 2787, 2840, 2866 b, 2904, 2922, 2944, 2945, 2980 B, 2987 a, 2987 c, 2999
V 3114, 3117, 3210 [haec oratio pro uno defuncto convenit, etsi sub hac rubrica non signatur], 3373, 3484, 3624, 3662
VI 3809, 3914, 4109 b
VII 4338 a, 4468, 4469, 4652, 4693 a, 4700, 4702, 4792 [haec oratio pro uno defuncto convenit, etsi sub hac rubrica non signatur]
VIII 5449 a [haec oratio pro uno defuncto convenit, etsi sub hac rubrica non signatur]
IX 5754, 5802, 5815, 5842 a [valet etiam pro pluribus defunctis], 5842 b, 5884, 5911

Pro pluribus defunctis / Pro (omnibus) fidelibus defunctis / Missa communis defunctorum / Oratio in agenda mortuorum

I 16 A et B, 172 b, 191, 222, 260, 261, 264, 271, 272 C, 315, 460 a, 860
II 917, 948, 1139, 1141, 1146 a, 1146 b, 1170, 1177, 1178, 1251
III 1751 a, 2156, 2204, 2215 a, 2246, 2339 [haec oratio pro cunctis defunctis convenit, etsi sub hac rubrica non signatur], 2355
IV 2531, 2613 [valent etiam hae duae orationes pro uno defuncto], 2646, 2684 b A, 2834 b, 2840, 2918, 2924, 2980 A, 2987 b, 2987 c, 2992
V 3082, 3113, 3114, 3116 b, 3145, 3192 a, 3210 [valet etiam pro uno defuncto], 3220 a, 3242 b, 3259, 3285 b, 3354, 3412 c, 3483, 3683

VI 3914, 4095, 4113, 4149
VII 4338 b, 4342 b, 4424 b, 4426, 4571, 4642, 4652, 4680, 4700, 4792 [valet etiam pro uno defuncto]
VIII 5131, 5449 a [valet etiam pro uno defuncto]
IX 5686, 5720 B, 5814, 5815, 5842 a, 5884

Die II° mensis Novembris, commemoratio omnium defunctorum

I 260
IV 2684 b B, 2980 B
VI 3736

In die tertio, septimo, trigesimo vel annuali, iuxta diem obitus vel sepulturae

I 137, 172 a, 264
II 1251
V 3114, 3483
VI 3799
VII 4846

In anniversario diei mortis vel depositionis

I 152, 315
II 1154, 1251
IV 2918, 2987 b
V 3114, 3117, 3412 c
VII 4342 a, 4693 b, 4843 B
IX 5672, 5720 B, 5754, 5815

In trigintale sancti Gregorii / Pro trigintalibus evolvendis [2]

I 264, 271
II 1175, 1251
III 2130, 2190
V 3191
VI 3799, 4065
VII 4427 [valet etiam pro defuncto de cuius anima dubitatur]
VIII 4986

Mense octobris, orationes super defunctos

I 191, 262, 436
II 1087 a, 1146 a

---

(2) Vide GRÉGOIRE LE GRAND, *Dialogorum libri* IV, 57.

III 1757 a [valet etiam pro episcopo defuncto]
IV 2684 a, 2919, 2987 a
V 3285 a, 3309, 3618 [valet etiam pro episcopo defuncto]
VI 3735, 3744, 3914
VII 4338 a, 4425
VIII 5461
IX 5771 a

Missa in coemeterio / Pro in coemeterio sepultis

I 173
II 1170, 1210
III 2215 a
V 3116 a, 3399, 3484
VI 3789
VII 4459, 4642, 4693 a, 4841
IX 5572, 5720 B

Missa sancti Augustini pro salute vivorum sive mortuorum

I 44, 332
II 1145
IV 2903 a, 2903 b
V 3643 b
VII 4788
IX 6013

Pro amicis defunctis

I 191, 261, 315
V 3191, 3399

Pro benefactoribus vel eleemosynariis defunctis

I 314, 460 a [haec oratio pro eleemosynariis convenit, etsi sub hac rubrica non signatur]
II 993 a D, 1124 [haec oratio pro eleemosynariis convenit, etsi sub hac rubrica non signatur], 1178
V 3259 [haec oratio pro benefactoribus convenit, etsi sub hac rubrica non signatur], 3366
VI 3772 [valet etiam pro parentibus defunctis], 3852 B, 4256
VII 4618 [haec oratio pro eleemosynariis convenit, etsi sub hac rubrica non signatur], 4658, 4735
VIII 5295, 5378
IX 5607, 5728, 6102

Pro conditore vel fundatore basilicae, ecclesiae, capellae vel altaris

II 1211 [oratio 1014 hic addi potest]
IV 2899
V 3242 a
VI 4189
VII 4641, 4701

Pro defunctis pro quibus orare tenemur

I 712
III 1751 c
IV 2834 b

Pro defuncto de cuius anima dubitatur

IV 2940
V 3263, 3380
VI 3745, 3800, 4090
VII 4427 [haec oratio pro cuius anima dubitatur convenit, etsi sub
    hac rubrica non signatur]
IX 5571, 5720 A, 5815

Pro defuncto nuper baptizato

I 315
II 1144, 1154, 1332, 1481
III 1947
IV 2787
V 3624
VII 4667, 4693 a

Pro eis qui sibi, in corpore vivi, missam cantari rogant

I 345, 494 c
IV 2535

Pro exsulibus ⟨defunctorum⟩ animabus

II 1089
V 3359
IX 5807

Pro feminis defunctis

II 997, 1177
IV 2797, 2840, 2866 b, 2922, 2987 a
V 3115, 3192 b, 3285 b, 3483
VI 3801
VII 4338 b, 4642, 4843 A

Pro fratribus et sororibus defunctis, in monasteriis

I 264, 271, 315
II 1178
III 2205, 2215 b
V 3191, 3482
VII 4362, 4459, 4570, 4658, 4735
VIII 5435 [haec oratio pro monachis defunctis convenit, etsi sub hac rubrica non signatur]

Pro his qui ob defensionem Ecclesiae occubuerunt

III 2206
IV 2951
VI 4109 a

Pro paenitentiam desiderantibus et minime consequentibus

I 16 B
II 1087 b
VI 3744
VIII 5461

Pro parentibus defunctis (patre, matre, fratribus, sororibus, et amicis familiaribus)

I 16 B, 272 C, 560
III 1903
VI 3772 [haec oratio pro parentibus defunctis convenit, etsi sub hac rubrica non signatur], 3809
VIII 5378
IX 5786, 6102 [haec oratio pro parentibus convenit, etsi sub hac rubrica non signatur]

Pro remissione peccatorum et requie defunctorum

II 1106
III 2298
IV 2766
V 3055
VI 4325
IX 6106 a

Pro vivis et defunctis seu solutis debito mortis / Pro salute vivorum et (requie) defunctorum

I 222, 261, 366, 460 a, 460 b, 808
II 993 a D, 1590, 1600

III 2108 a, 2108 b, 2204
IV 2453, 2702, 2958 a B, 2959, 3005 b B, 3019 D
V 3081, 3220 a, 3259, 3280, 3326 a, 3623
VI 3785, 4183, 4227
VII 4509, 4618 [valet etiam pro benefactoribus], 4645, 4685,
    4794 b, 4842 [valet etiam pro paenitentibus, benefactoribus,
    parentibus vel omnibus fidelibus defunctis], 4915 c
VIII 5077, 5144, 5309, 5435 [valet etiam pro benefactoribus et
    monachis defunctis]
IX 5603, 5713, 5714, 5998 A

Oratio ad processionem, in statione

II 1170

Oratio in introitu templi

II 1170

Ordo missae, ad offertorium, oratio pro defunctis ante altare dicenda

IX 5842 a

V. Oraisons pour la sépulture des défunts

Ordo sepulturae, inhumationis vel depositionis defunctorum

I 264
II 1144, 1251
III 2215 a
V 3116 a, 3116 c, 3483
VI 3789, 3863
VII 4342 b, 4424 a, 4676, 4734 b, 4843 B
VIII 5449 b
IX 5755 [huic orationi titulus deest], 5758, 5870, 5884

VI. Oraisons pour les clercs défunts

Pro subdiaconis defunctis

IV 2924
V 3683

Pro diaconis defunctis

I 128, 315, 436, 729, 849
IV 2534, 2992

V 3492
VI 3705 a, 3705 b [valet etiam pro omnibus cleris]
VII 4425, 4869
IX 5724, 5815

Pro sacerdotibus defunctis / Missa in depositione presbyteri

I 271, 272 C, 315, 436, 729, 740, 755, 849
II 913, 1017, 1042, 1116, 1123, 1146 a, 1177, 1191, 1623
III 2156, 2339 [valet etiam pro cunctis defunctis]
IV 2684 a, 2904, 2924, 2968, 2980 B, 2987 c, 2992
V 3114, 3240, 3492, 3683
VI 3809, 3854, 3914
VII 4338 b, 4342 b, 4425, 4459, 4462, 4467, 4468, 4469, 4624,
    4693 a, 4702, 4822, 4869
IX 5771 a, 5771 b, 5771 c, 5815

Pro abbatibus defunctis

II 1623
V 3240
VI 3809, 3854
VII 4425, 4468, 4702, 4734 a, 4869
IX 5771 d, 5884

Pro (archi)episcopis defunctis / Missa in die depositionis episcopi

I 191, 436 [hae duae orationes pro episcopis defunctis conveniunt,
    etsi sub hac rubrica non signantur], 272 C, 729, 849
II 913, 1017, 1042, 1177
III 1757 a [haec oratio pro episcopo convenit, etsi sub hac rubrica
    non signatur], 1757 b, 1757 c
IV 2866 a, 2924
V 3116 b, 3116 c, 3285 a [haec oratio pro episcopo convenit, etsi
    sub hac rubrica non signatur], 3309, 3618 [haec oratio pro
    episcopo defuncto convenit, etsi sub hac rubrica non signatur], 3683, 3688
VII 4425, 4469, 4659, 4678
IX 5771 a, 5771 b, 5780

Pro clero, sive diacono, sive sacerdote, sive abbate, sive canonico, sive episcopo defuncto, vel parentibus et ceteris aliis sibique commissis et coniunctis ac salute viventium et defunctorum

I 261, 729, 849
II 913, 1017, 1042, 1177, 1623

V 3240, 3632
VII 4425, 4693 a, 4734 a
IX 5884

ORAISONS DIVERSES MENTIONNANT LES DÉFUNTS

Missa generalis, communis, omnimoda seu pluralis

I 56, 222, 460 a, 604
II 1124, 1140 a
IV 2876 a, 2876 b
V 3326 b, 3361, 3364, 3371, 3622, 3630, 3632
VI 4064, 4103
VII 4794 c
VIII 5307
IX 5553 b, 5571, 5719 a, 5719 b

PER ANNVM

Missa de initio anni

I 613

In Io dominico / Missa dominicalis Ia

V 3202
VII 4640

In IIo dominico / Missa dominicalis IIa

I 350, 627

In IIIo dominico / Missa dominicalis IIIa

VIII 4958, 4963
IX 5858

In IVo dominico / Missa dominicalis IVa

I 329
III 2314
V 3670, 3697

In Vo dominico / Missa dominicalis Va

I 130 a
IV 2463

In VIo dominico / Missa dominicalis VIa

I 627
III 1899
V 3667

In VIIo dominico

V 3664

In VIIIo dominico

II 1079
IV 2914

In IXo dominico

IV 2882
VI 3786

In Xo dominico

V 3664

In XIo dominico

I 48

In XIIo dominico

V 3059

In XIIIo dominico

V 3670

In XIVo dominico

I 238

In XVo dominico

I 833

In XVIIo dominico

I 225

Missa de IIa feria in sequenti hebdomada post vicesima

VII 4833

Missa de IIIa feria post vicesima

I 514

Missa de IVa feria post vicessima

I 6

Missa de Va feria in sequenti hebdomada post vicesima

V 3072

Missa de VIa feria post vicesima

VII 4646

Missa cottidiana Ia

III 2226

Missa cottidiana IIa / Missa IIa

I 627
V 3669

Missa cottidiana IIIa

I 329

Missa cottidiana IVa / Missa IVa

I 130 a
VIII 4964

Missa cottidiana Va / Missa Va

VI 3992
VII 4708

Missa cottidiana VIa / Missa VIa

VII 4599
VIII 5386

Missa cottidiana VIIa / Missa VIIa [de sancto Germano episcopo]

V 3613
VI 4114

Missa de cottidiano
  I 48, 130 a, 225
  VIII 4958

IN ADVENTV

Missa inchoante Adventu Domini
  I 230

Missa in Adventu Domini IIa
  IV 2483

Missa in IIIo dominico de Adventu Domini
  I 573

Missa in IVo dominico de Adventu Domini
  IV 2616
  VIII 5426

Missa in Vo [sic] dominico de Adventu Domini
  IX 5874

IN TEMPORE NATIVITATIS

Die XXVo mensis Decembris, missa de Nativitate Domini
  IV 2644

Ordo missae in die Nativitatis Domini nostri Iesu Christi
  IX 5817

Missa in vigiliis Epiphaniae
  VII 4399

Missa in die sancto Epiphaniae
  I 338

IN QVADRAGESIMA

Missa de initio Quadragesimae, id est de carnibus tollendis
  I 585

Missa ieiunii de IIa feria inchoante Quadragesima
    I 55

Missa de IVa feria in prima hebdomada de Quadragesima
    I 836

Missa de VIa feria in prima hebdomada de Quadragesima
    I 57

Missa de Caeco nato, dicenda secundo dominico de Quadragesima
    V 3045

Missa de IIa feria in secunda hebdomada de Quadragesima
    I 101

Missa de IVa feria in secunda hebdomada de Quadragesima
    V 3187

Missa de VIa feria in secunda hebdomada de Quadragesima,
    V 3665

Missa de IIa feria in tertia hebdomada de Quadragesima
    II 1236

⟨*Missa de*⟩ *IVa feria in tertia hebdomada Quadragesimae*
    II 1182

⟨*Missa de*⟩ *VIa feria in tertia hebdomada* ⟨*Quadragesimae*⟩
    III 2064

IVa hebdomada Quadragesimae, missa in mediante die festo
    IV 2395

Missa de Lazaro dicenda
    I 609

Missa de IIa feria in sequenti hebdomada post Lazarum
    IX 5732 b

Missa de IIIa feria post Lazarum
  VIII 5285

Missa de IVa feria post Lazarum
  V 3672

Missa de Va feria post Lazarum
  IX 5787

Missa de VIa feria post Lazarum
  II 1229

Missa in quadragesima VIa
  II 1112

Per Hebdomadam Sanctam

Missa de ramis palmarum dicenda
  V 3671 b

Missa de IIa feria in hebdomada maiore
  V 3078

Missa de IIIa feria in hebdomada maiore
  III 2191

Missa de IVa feria ante Cenam Domini
  I 790

In Cena Domini
  III 2241
  V 3199
  VI 4232
  VIII 4960

In Tempore Pascali

In vigiliis sanctae Paschae
  I 347, 618

IV 2451
VI 4115

Missa in hilaria Paschae dicenda

I 349, 483

Missa prima die sanctae Paschae

IX 5813

Missa de IIa feria Paschae

I 629

Missa in die IIIa feria Paschae, quando et baptizatis infantibus albae tolluntur

V 3040

Missa paschalis, IVa feria

I 342
III 2328

Missa de Va feria Paschae / Missa paschalis, Va feria

I 231, 341

Missa de VIa feria Paschae

VIII 4976

In die sabbato post Pascha / Missa de sabbato Paschae ante octavas

I 231, 620
II 1186

Missa de octava Paschae

III 2227

In IIo dominico post octavam Paschae

I 493
III 1736

In IIIo dominico post octavam Paschae

IV 2618
VI 3729

In IVo dominico post octavam Paschae

I 616

Missa in Rogationibus

VIII 4961

In Ascensione Domini

III 2354

Missa de dominico post Ascensionem

I 320

Missa de litaniis ante Pentecosten pro adventu Paracliti Spiritus Sancti

IX 6003

Clausula Paschae

I 349

In die sancto Pentecostes

III 2353

IN FESTIVITATIBVS SANCTORVM

Die Io mensis Ianuarii, in Circumcisione Domini

I 346
III 2334

Die VIIo mensis Ianuarii, missa in die sancti Iuliani

II 1278

Die XIXo mensis Ianuarii, missa in die sancti Sabastiani

VIII 5511

⟨*Die XXIo mensis Ianuarii*⟩, *missa in die sanctae Agnetis*

I 791

Die XXIIo mensis Ianuarii, missa in die sancti Vincentii

V 3157

*Die XXIVo mensis Ianuarii, missa in die sancti Babilae episco-
pi et trium puerorum martyrum*

  IV 2390

Die XXVIIIo mensis Ianuarii, missa in die sancti Tirsi

  III 2124

Die Vo mensis Februarii, missa in die sanctae Agathae

  IV 2548, 2707

⟨ *Die VIo mensis Februarii* ⟩, *missa in die sanctae Dorotheae*

  I 592

*Die XIIo mensis Februarii, missa in die sanctae Eulaliae Bar-
cinonensis*

  IX 5875

*Die XXIIo mensis Februarii, missa in cathedra sancti Petri
apostoli*

  II 1080
  VIII 5320

Die IIIo mensis Martii, missa sanctorum Emeterii et Celedonii

  IX 5849

*Die Io mensis Maii, missa in die septem episcoporum qui in
Hispaniam ab apostolis missi sunt, Torquati et sociorum eius*

  II 1202

Die IIIo mensis Maii, missa de die sanctae Crucis

  II 1102

Die XIIIo mensis Iunii, officium de sancto Quirico

  III 2352

⟨ *Die XXIVo mensis Iunii* ⟩, *missa in nativitate sancti Iohannis
Baptistae praecursoris*

  I 610
  VI 3956

Die XXVIo mensis Iunii, officium in die sancti Pelagii, ad missam

V 3235

Die XXVIIo mensis Iunii, officium in die sancti Zoili, ad missam

VIII 5474

Die XXIXo mensis Iunii, missa in die sanctorum Petri et Pauli

I 308
II 1358

II nonas Iulii, ⟨natale⟩ sanctae Sexburgae

II 1157

IV nonas Iulii, natale seu translatio sancti Martini

I 429

Die Xo mensis Iulii, missa in die sancti Christophori

V 3555

Die XVIIo mensis Iulii, missa in die sanctarum Iustae et Rufinae virginum

III 1904

Die XXIVo mensis Iulii, missa in die sancti Bartholomaei

V 3131

Die XXVo mensis Iulii, (ordo psallendi) in die sancti Cucufatis, ad missam

I 606
V 3651

Die Io mensis Augusti, missa et officium in die sancti Felicis

II 1365, 1644

Die VIo mensis Augusti, missa in die sanctorum Iusti et Pastoris

II 1592
III 1768

Die XIo mensis Augusti, missa in ordinatione seu sacratione sancti Martini episcopi

II 1487

Die XVo mensis Augusti, missa de Assumptione sanctae Mariae

I 234
IV 2785
V 3141
VII 4605

⟨*Die XVIo mensis Augusti*⟩, *missa de sancto Rocho*

VI 3769 a
VII 4522

Die XXVo mensis Augusti, missa in die sancti Genesii martyris

IX 5972

Die XXVIIIo mensis Augusti, missa sancti Augustini

IV 2397

Die Io mensis Septembris, officium sanctorum Vincentii et Laeti, ad missam

III 1739

Die XIVo mensis Septembris, missa in die sancti Cypriani

IX 5974

Die XVIo mensis Septembris, missa in die sanctae Euphemiae

V 3089

Die XXIo mensis Septembris, missa in die sancti Matthaei apostoli

IX 6076

⟨*Die XXIIo mensis Septembris*⟩, *missa sancti ac beatissimi Mauritii cum sociis eius*

I 340

Die XXIVo mensis Septembris, missa in decollatione sancti Iohannis ⟨Baptistae⟩

IX 6016

Die XXIXo mensis Septembris, missa in die sancti Michaelis

VIII 4956, 4967

VI nonas Octobris, natale sancti Leudegarii episcopi

I 343

Die XIIIo mensis Octobris, missa sanctorum Fausti, Ianuarii et Martialis

III 2160

Die XIXo mensis Octobris, ⟨missa⟩ in ⟨festivitate⟩ sanctorum Simonis et Iudae apostolorum

IV 2683

Die XXIIo mensis Octobris, missa in die sanctorum Cosmae et Damiani

VIII 4972

Die XXIIIo mensis Octobris, missa in die sanctorum Servandi et Germani

IX 6019

Die XXVIIIo mensis Octobris, missa in die sanctorum Vincentii, Sabinae et Christetae

V 3674

Die XXXo mensis Octobris, missa in die sancto Hieronymo

VI 3707

⟨Die ... ⟩ mensis Octobris, ⟨in natale⟩ sancti Silvestri

II 1123

Die Io mensis Novembris, missa de translatione corporis sancti Saturnini episcopi

IX 5900

Die XIo mensis Novembris, missa de obitu sancti Martini

I 342 [Ordo missae sancti Martini]
III 1796
V 3405

Die XIIo mensis Novembris, officium in die sancti AEmiliani, ad missam

VIII 5433

Die XVIIIo mensis Novembris, missa in die sancti Romani

VIII 5130

Die XXIIo mensis Novembris, missa in die sanctae Caeciliae

II 1097

⟨Die XXIIIo mensis Novembris⟩, missa in die sancti Clementis

I 630

Die XXIXo mensis Novembris, missa in die sancti Saturnini

III 2327

Missa sancti Saturnini episcopi et martyris

V 3279

Die XXXo mensis Novembris, missa in die sancti Andreae apostoli

V 3554
VI 4091
IX 5864

Die IXo mensis Decembris, missa ⟨in die⟩ sanctae Leocadiae

IV 2909

Die Xo mensis Decembris, missa in die sanctae Eulaliae

II 1083
III 2356

Die XXIo mensis Decembris, missa in die sancti Thomae apostoli

   I 107
   III 2143
   VII 4665

Die XXVIo mensis Decembris, missa in die sancti Stephani,

   III 2313, 2323

Die XXVIIo mensis Decembris, missa in die sanctae Eugeniae

   V 3188

⟨*Die XXVIIIo mensis Decembris*⟩ ⟨*in natale*⟩ *sanctorum Infantium*

   IV 2792

Die XXVIIIo mensis Decembris, missa in die sancti Iacobi fratris Domini

   IV 2571

Die XXIXo mensis Decembris, missa in die sancti Iohannis apostoli et evangelistae

   V 3049

Die XXXo mensis Decembris, missa sancti Iacobi apostoli fratris sancti Iohannis

   IX 5795

⟨*Die Io mensis Decembris?*⟩, *missa in die sancti Adriani* ⟨*et sanctae Nataliae*⟩

   I 229

⟨*Die ... mensis ...*⟩, *missa in natale sancti Clementis episcopi*

   V 3556

⟨*Die ... mensis ...*⟩, *missa in die sanctae Columbae*

   I 43

⟨*Die XVIo mensis Iunii?*⟩, *missa sanctorum Ferreoli et Ferrucionis*

   VIII 4957

⟨ *Die ... mensis ...* ⟩, *missa in die sancti Fructuosi*

I 163

⟨ *Die ... mensis ...* ⟩, *missa sancti Germani episcopi*

I 348

⟨ *Die XVIIo mensis Augusti ?* ⟩, *officium in die sancti Mametis*

I 339

⟨ *Die ... mensis ...* ⟩, *missa in natale beatissimi Symphoriani martyris*

VIII 4966

⟨ *Die ... mensis ...* ⟩, *missa sanctorum Xysti, Laurentii atque Hippolyti martyrum*

I 641

IVa feria Paschae, missa sanctae Engratiae vel XVIII martyrum Caesaraugustanorum

IV 2795

In Commvnibvs Sanctorvm

Missa de sanctis (seu de martyribus)

VIII 5476, 5512
IX 5713

Missa de martyribus

I 340
IV 2463
V 3179
VIII 5176

Missa de virginibus

V 3048
IX 6017

Missa de uno confessore vel de uno iusto

I 578
III 2083, 2282
V 3087

Ordo missae sanctae Mariae

I 232
VIII 4959

IN ALIIS PRECATIONIBVS

Missa pro salute vivorum

I 366
II 1484
VIII 5144
IX 5762

Missa ubi gens contra gentem consurgit

VIII 4962

Missa ⟨pro⟩ tribulantis

IV 2536

Missa pro amicis viventibus

II 1484
IX 5762

Missa propria pro episcopo

III 2292

Missa pro principe

III 2262

Pro congregatione

I 315

Missa de iterantibus via

II 1050

Missa votiva pro se et omnibus quibus debitor est

V 3364
IX 5553 b

Missa (votiva) quam sacerdos pro se dicere debeat

V 3343
VIII 5306, 5420
IX 5711, 5713

⟨ *Ordinarium missae, alia secreta communis* ⟩

IV 2906

Missa singularis vel specialis

II 1589 c
IV 2665

Missa ieiunii secunda

III 1832

Officium de litanias canonicas, in conventu

I 51
VI 4064

Litania

I 260
II 1600

Litaniae per hebdomadam, feria IIIa

V 3371

Litania per hebdomadam, feria Va

I 222

Missae de Primitiis et de Decimis

V 3599 b, 3658

II. INITIA ORATIONVM

Voir *Corpus Orationum*, tomus XI, « Introduction », §2.

– A –

A te, Deus piissime, benedicantur...	I 6
Absolve, Domine, animam...	I 16 A et B
Acceptabilis tibi sit, Rex omnium...	I 43
Acceptare digneris, terribilis et piisime Deus...	I 44
Acceptum habe, pie Pater, sacrificium...	I 48
Accipe, Deus piissime, tuorum supplicum...	I 56
Accipe, Deus, Ecclesiae tuae...	I 51
Accipe, Deus, offerentium vota...	I 55
Accipe, Domine, et ieiunantium fidem...	I 57
Adesto nobis, omnipotens Deus...	I 163
Adesto, Domine, fidelium votis propitius...	I 101
Adesto, Domine, placatus plebium...	I 107
Adesto, Domine, pro tua pietate...	I 123
Adesto, Domine, quaesumus, animabus...	I 172 b
Adesto, Domine [...] et animae...	I 128
Adesto, Domine [...] et famulorum...	I 130 a
Adesto, Domine [...] et hanc oblationem...	I 137
Adesto, Domine [...] quibus...	I 152
Adesto, quaesumus, Domine, pro anima...	I 172 a
Adesto, quaesumus, Domine, pro animabus...	I 173
Adiuva nos, Domine Deus noster...	I 191
Adsit oratio sanctorum qui per universum...	I 222
Adspira, Domine, offerentium votis...	I 225
Aeterne Dei Filius, cuius incarnationis...	I 230
Aeterne Dei Filius, qui virgineae matris...	I 232

Aeterne Dei Filius, qui, pro nobis...   I 231

Aeterne Deus summe, adclines clementiam...   I 234

Aeterne et inaestimabilis Deus summe...   I 229

Aeternum te Dominum et indeficiens...   I 238

Animabus, quaesumus [...] illorum oratio...   I 260

Animabus, quaesumus [...] misericordiam...   I 261

Animae famuli tui, quaesumus, Domine...   I 262

Animam famuli tui illius, quaesumus, Domine...   I 264

Annue nobis, Domine, ut anima...   I 271

Annue nobis, Domine, ut animae...   I 272 C

Apostolorum tuorum, Domine...   I 308

Ascendant ad te, Domine [...] animabus...   I 314

Ascendant ad te, Domine [...] animam...   I 315

Ascendisse te in caelos ad Patrem, Dei Filius...   I 320

Attende, Domine omnipotens, devotionem...   I 329

Audi, Deus meus, audi, lumen oculorum...   I 332

Auditis nominibus [...], aeternitatis...   I 341

Auditis nominibus [...], Christum...   I 346

Auditis nominibus [...], debita...   I 342

Auditis nominibus [...], Domini...   I 343

Auditis nominibus [...], indeficientem...   I 348

Auditis nominibus [...], omnipotentem...   I 347

Auditis nominibus [...], rogemus...   I 345

Auditis nominibus [...], te pietatis...   I 349

Auditis nominibus ac [...] fratres...   I 338

Auditis nominibus ac [...] rogamus...   I 339

Auditis nominibus carorum nostrorum...   I 340

Auditis nominibus recensitis, dilectissimi...   I 350

Aures tuae pietatis, quaesumus, Domine...   I 362

Auxiliare, Domine, populo tuo...   I 366

Averte, Domine, quaesumus, a fidelibus tuis...   I 385

– B –

Beati Martini confessoris tui, Domine...   I 429

Beati martyris tui Laurentii, Domine...   I 436

Beatorum apostolorum, martyrum...   I 460 b

Beatorum martyrum et confessorum...   I 460 a

Benedic, anima mea, Domino...   I 483

Benedicte Deus et Pater universitatis...   I 493

Benedictio tua, Domine, quaesumus...   I 494 c

Benedictionem tuam, Domine, populus...   I 504 a

Bonitatis immensae auctor et Domine...   I 514

– C –

Caelestis participatio, Domine, sacramenti...   I 560

Christe Dei Filius, cuius incarnatio reparavit...   I 573

Christe Dei Filius, qui non vindicta pasceris...   I 578

Christe Dei Filius, quo docente didicimus...   I 585

Christe Domine, attributor perennalis...   I 592

Christe Iesu Domine et Salvator...   I 606

Christe Iesu, auctor formationis omnimodae...   I 604

Christe Iesu, qui es resurrectio mortuorum...   I 609

Christe Iesu, qui, virginali nasciturus...   I 610

Christe, qui es alpha et omega, initium...   I 613

Christe, qui moriens peremisti imperium...   I 616

Christe, redemptio nostra, qui olim noctem...   I 618

Christe, requies certa laborum et fessarum...   I 620

Clamantibus nobis ad te, Domine, miserere...   I 627

Clarum nobis, Domine, post resurrectionem...   I 629

Clemens et clementissime Deus...   I 630

Clementissime creaturarum omnium Deus...   I 641

Concede nobis, Domine, quaesumus...   I 675 a A

Concede, quaesumus [...] animabus...   I 729

Concede, quaesumus [...] ut anima...   I 740

Concede, quaesumus [...] ut per...   I 755

Concede, quaesumus, Domine Deus noster...   I 712

Conditor et redemptor [...] Filius Dei Patris...   I 790

Conditor et redemptor [...] Filius Dei, qui...   I 791

Conserva, Domine, populum tuum...   I 808

Convertere, Domine, cor nostrum in bonis...   I 833

Coram altario tuo, Domine, et fidelium...   I 836

Corporis sacri et pretiosi sanguinis repleti...   I 849

Credimus te, Domine Iesu Christe...   I 860

Credimus, Domine Iesu Christe...   I 859

Cuncta famuli tui illius, quaesumus, Domine...   I 872

– D –

Da nobis misericordiam tuam...   II 917

Da nobis, Domine, ut animam famuli...   II 913

Da nobis, quaesumus, Domine, ut animam...   II 948

Da veniam, Domine Deus, per haec sancta...   II 1042

Da, quaesumus, Domine, populo tuo...   II 993 a D

Da, quaesumus, Domine, ut anima famulae...   II 997

Da, quaesumus, omnipotens Deus, divino...   II 1014

Da, quaesumus, omnipotens Deus, ut famulus...   II 1017

Deduc, Domine, famulos tuos in via tua...   II 1050

Deum Patrem omnipotentem, fratres...   II 1079

Deum, qui sanctae famulae suae Eulaliae...   II 1083

Deum, qui beato Petro tantam potestatem...   II 1080

Deus aeterne, quaesumus et rogamus...   II 1097

Deus aeterne, quem in veritate fidei...   II 1098

Deus caelestium, terrestrium et infernorum...   II 1116

Deus Dei Filius, cuius nomen mirificum...   II 1202

Deus immortalis atque aeterne, tu votis...   II 1229

Deus omnipotens et aeterne, quo iuvante...   II 1278

Deus summe, cuius sacrum Pascha...   III 2191

Deus, a quo inspiratur humanis cordibus...   II 1087 a

Deus, a quo speratur humano corpori...   II 1087 b

Deus, a quo speratur omne bonum, tribue...   II 1089

Deus, amplius ineffabilis quam...   II 1102

Deus, apud quem est misericordia copiosa...   II 1106

Deus, bonarum actionum et inspirator...   II 1112

Deus, confitentium te portio defunctorum...   II 1123

Deus, consolationis et pacis, respice...   II 1124

Deus, cui proprium est [...] maiestatem...   II 1140 a

Deus, cui proprium est [...] propitiare...   II 1141

Deus, cui proprium est [...] suscipe...   II 1143

Deus, cui proprium est [...] te supplices...   II 1144

Deus, cui proprium est misereri et preces...   II 1139

Deus, cui soli cognitus est numerus...   II 1145

Deus, cui soli competit [...] praesta...   II 1146 a

Deus, cui soli competit [...] tribue...   II 1146 b

Deus, cuius bonitatis nullus est numerus...   II 1154

Deus, cuius clementia sanctae Sexburgae...   II 1157

Deus, cuius miseratione animae fidelium...   II 1170

Deus, cuius misericordia caelestium...   II 1173

Deus, cuius misericordiae [...] cui soli...   II 1175

Deus, cuius misericordiae [...] pro anima...   II 1177

Deus, cuius misericordiae [...] propitius...   II 1178

Deus, cuius nomen magnum est...   II 1182

Deus, cuius operatio non habet laborem...   II 1186

Deus, cuius solum potestate hominem...   II 1191

Deus, cuius tanta est excellentia pietatis...   II 1195

Deus, fidelium lumen animarum...   II 1210

Deus, fidelium receptor animarum...   II 1211

Deus, fidelium redemptor animarum...   II 1212

Deus, in cuius conspectu sanctus Michael...   II 1232

Deus, in cuius manu est et humiliare...   II 1236

Deus, indulgentiarum Domine...   II 1251

Deus, qui ad caeleste regnum...   II 1332

Deus, qui apostolis tuis, quorum hodie...   II 1358

Deus, qui auctor felicitatis aeternae es...   II 1365

Deus, qui caelestis regni non nisi renatis...   II 1481

Deus, qui caritatis dona per gratiam...   II 1484

Deus, qui confessorem tuum Martinum...   II 1487

Deus, qui es initium et finis, da salutem...   II 1589 c

Deus, qui es iustorum gloria et misericordia...   II 1590

Deus, qui es iustus iustorum et pastor...   II 1592

Deus, qui es sanctorum tuorum splendor...   II 1600

Deus, qui famulum tuum illum sacerdotem...   II 1623

Deus, qui glorificaris in sanctis tuis...   II 1644

Deus, qui imminentem Ninivitis interitum...   III 1722

Deus, qui in altis habitas et humilia respicis...   III 1723

Deus, qui in electis tuis exstinxisti funditus...   III 1736

Deus, qui in oblationibus supplicantium...   III 1739

Deus, qui inaestimabili [...] pro anima...   III 1751 b

Deus, qui inaestimabili [...] pro animabus...   III 1751 c

Deus, qui inaestimabili [...] supplicantibus...   III 1751 a

Deus, qui inter apostolicos [...] censeri...   III 1757 c

Deus, qui inter apostolicos [...] fecisti...   III 1757 a

Deus, qui inter apostolicos [...] pontificali...   III 1757 b

Deus, qui iustitiae vindex et pastor pius...   III 1768

Deus, qui mirabilis es in sanctis tuis...   III 1796

Deus, qui non mortem sed paenitentiam...   III 1830

Deus, qui non tantum nos a carnalibus cibis...   III 1832

Deus, qui nos iustus iudex arguis...   III 1899

Deus, qui nos patrem et matrem...   III 1903

Deus, qui nos per apostolum tuum...   III 1904

Deus, qui omne meritum vocatorum...   III 1947

Deus, qui sancto ac beatissimo martyri tuo...   III 2083

Deus, qui singulari [...] hac oblatione...   III 2108 a

Deus, qui singulari [...] pacem nobis...   III 2108 b

Deus, qui tanta severitate iudicii tui...   III 2124

Deus, qui terram Israel gloriosa Filii tui...   III 2130

Deus, qui tuum Thomam egregium...   III 2143

Deus, qui universorum creator et conditor...   III 2156

Deus, qui unum in Trinitate possides...   III 2160

Deus, qui, sanare omnibus modis peccata...   III 2064

Deus, summa spes nostrae redemptionis...   III 2190

Deus, veniae largitor [...] ut nomina...   III 2204

Deus, veniae largitor [...] ut nostrae...   III 2205

Deus, vera pietas et pia veritas...   III 2206

Deus, vita viventium [...] famulorum...   III 2215 a

Deus, vita viventium [...] huius...   III 2215 b

Dicato sollemniter famulatu...   III 2226

Dies istos, Domine, quos in laetitia...   III 2227

Diversis oblationis, sacris altaribus...   III 2241

Divina libantes sacramenta, concede...   III 2246

Dominator Domine, qui superstites...   III 2262

Domine Deus noster, qui nos martyris...   III 2282

Domine Deus omnipotens, qui caelum...   III 2292

Domine Deus omnipotens, qui salvos facis...   III 2298

Domine Iesu Christe, fac super nos...   III 2314

Domine Iesu Christe, qui beatissimo...   III 2323

Domine Iesu Christe, qui es ineffabilis...   III 2327

Domine Iesu Christe, qui es testis fidelis...   III 2328

Domine Iesu Christe, qui mortalitatis...   III 2334

Domine Iesu Christe, qui vera es vita...   III 2339

Domine Iesu, a quo suum spiritum suscipi...   III 2313

Domine, qui sanctis pro merito servitutis...   III 2352

Domine, qui virtute Spiritus tui...   III 2353

Domine, rex gloriae, qui, patefactis...   III 2354

Domine, Salvator noster, qui de fluctibus...   III 2355

Domine, sancte Pater, aeterne omnipotens...   III 2356

– E –

Ecce antistes verissimus et martyr tuus...   IV 2390

Ecce, Iesu, his diebus salutaris abstinentiae...   IV 2395

Ecclesia ecce tua, Deus omnipotens...   IV 2397

Ecclesiae tuae, quaesumus, omnipotens Deus...   IV 2411

Esurientes corpus tuus, Domine...   IV 2451

Et refrigerare digneris, Domine...   IV 2453

Exaudi nos, Deus salutaris noster...   IV 2502

Exaudi nos, omnipotens et misericors Deus...   IV 2531

Exaudi nos, sancte Pater, omnipotens...   IV 2534

Exaudi, Domine, offerentium preces...   IV 2463

Exaudi, Domine, preces nostras...   IV 2471

Exaudi, Domine, preces populi tui...   IV 2483

Exaudi, Domine, quaesumus, populum...   IV 2485

Exaudi, omnipotens Deus, deprecationem...   IV 2535

Exaudi, omnipotens Deus, nos famulos...   IV 2536

Excelse Domine, qui beatae virgini Agathae...   IV 2548

Exsultans plebs tua, Domine, in hoc festo...   IV 2571

– F –

Fac, quaesumus, Domine...   IV 2613

Facimus, Domine, Filii tui Domini nostri...   IV 2616

Facito nos, omnipotens Deus, ut, carnali...   IV 2618

Famuli tui indigni et exigui sacerdotes...   IV 2644

Famulis tuis illis, quaesumus, Domine...   IV 2646

Famulum tuum illum, quaesumus, Domine	IV 2661
Fave, Deus, famuli tui illius fidelissimis...	IV 2665
Fidelis Domine in verbis tuis...	IV 2683
Fidelium, Deus, animarum conditor...	IV 2684 a
Fidelium, Deus, omnium conditor...	IV 2684 b

– G –

Gaudeat, Domine, quaesumus, plebs tua...	IV 2702
Generosae virginis tuae Agathae passionem...	IV 2707
Gratias agimus, Domine, multiplicibus...	IV 2754
Gratias tibi, Domine, referentes, oramus...	IV 2766

– H –

Habitatorem virginalis hospitii, sponsum...	IV 2785
Haec communicatio, quaesumus, Domine...	IV 2787
Haec munera, quaesumus, Domine...	IV 2834 b
Haec nos communio, Domine, purget...	IV 2840
Haec oblatio, quaesumus, Domine, animam...	IV 2866 a
Haec oblatio, quaesumus, omnipotens Deus...	IV 2866 b
Haec sacrificia, quae sumpsimus [...] meritis...	IV 2876 a
Haec sacrificia, quae sumpsimus [...] per...	IV 2876 b
Haec sunt verba, haec sunt carmina...	IV 2882
Haec, Domine, offerentium pura libamina...	IV 2792
Haec, Domine, plebis tuae devotio...	IV 2795
Haec, Domine, quaesumus, sacramenta...	IV 2797
Hanc oblationem, quaesumus, Domine...	IV 2899
Hanc quoque oblationem, Domine, dignare...	IV 2903 b
Hanc quoque oblationem, Domine, digneris...	IV 2903 a
Has oblationes et sincera libamina immolamus...	IV 2906
Has ostias, Domine, quas nomini tuo...	IV 2904
Hilares, Domine, celebramus festa...	IV 2909
His nostris, quaesumus, placare libaminibus...	IV 2914

His sacrificiis, Domine, anima famulae...   IV 2922

His sacrificiis, quaesumus, omnipotens Deus...   IV 2924

His, quaesumus, Domine, placatus...   IV 2918

His, quaesumus, Domine, sacrificiis...   IV 2919

Hostiam pro anima famuli tui, Domine...   IV 2944

Hostiam pro anima fumuli tui illius...   IV 2945

Hostiam tibi, Domine, placationis...   IV 2951

Hostiam, Domine, pro anima famuli...   IV 2940

Hostias nostras, Domine, tibi dicatas...   IV 3005 b B

Hostias nostras, quaesumus, Domine...   IV 2968

Hostias tibi, Domine [...] deferimus...   IV 2987 a

Hostias tibi, Domine [...] pro animabus...   IV 2987 c

Hostias tibi, Domine, humili placatione...   IV 2987 b

Hostias tibi, Domine, laudis offerimus...   IV 2992

Hostias tibi, Domine, placationis...   IV 2999

Hostias, Domine [...] propitius respice...   IV 2958 a B

Hostias, Domine [...] propitius suscipe...   IV 2959

Hostias, quaesumus, Domine, quas...   IV 2980

Huius nos, Domine, perceptio sacramenti...   IV 3019 D

Huius operatio nos, Domine, sacramenti...   IV 3022

– I –

Iesu Dei Filius, qui, pro nobis voluntarie...   V 3040

Iesu, redemptor humani generis...   V 3045

Iesu, redemptor noster et Domine...   V 3048

Iesu, rex noster et Domine, qui es vita...   V 3049

Ignosce mihi, Domine, quem maculatae...   V 3055

Illabere, Domine, oblatis tibi sacrificiis...   V 3059

Imple, Domine, cordis nostri intima...   V 3072

Improximasse passionis Christi tui, Deus...   V 3078

In conspectu maiestatis tuae, quaesumus...   V 3081

In hac commemoratione defunctorum...   V 3082

In honorem martyris tui illius votivum tibi...	V 3087
In honorem virginis tuae Euphemiae...	V 3089
Inclina, Domine, aurem tuam ad preces...	V 3116 b
Inclina, Domine, precibus nostris [...] mortis...	V 3113
Inclina, Domine, precibus nostris [...] usque...	V 3114
Inclina, Domine, quaesumus, aurem tuam...	V 3116 c
Inclina, quaesumus, aurem tuam...	V 3115
Inclina, quaesumus, Domine, aures tuas...	V 3116 a
Inclina, quaesumus, Domine, precibus...	V 3117
Ineffabilis sapientia Dei Patris, Christe...	V 3131
Ingeniti genite, Iesu, huic, quaesumus...	V 3141
Intende, Domine, munera, quae altaribus...	V 3145
Inter patriarcharum inclitae memoriae titulos...	V 3157
Interveniat pro nobis, Domine, petimus...	V 3179
Intuere propitius, Domine, offerentium...	V 3188
Intuere, piissime Domine, ieiunii nostri...	V 3187
Intuere, quaesumus, omnipotens aeterne...	V 3191
Inveniant, quaesumus, Domine, animae...	V 3192 a
Inveniat, quaesumus, Domine, anima...	V 3192 b
Ipsius peracti mysterii recordatione...	V 3199
Iram tuam, quaesumus, Domine, a populo...	V 3200
Istis et omnibus, in Christo quiescentibus...	V 3202
Iudex superstitum pariter atque pausantium...	V 3210

– L –

Laeti, Domine, sumpsimus sacramenta...	V 3220 a
Largire propitius, immense Deus, votis...	V 3235
Largire, quaesumus, omnipotens [...] plenam...	V 3242 a
Largire, quaesumus, omnipotens [...] plene...	V 3242 b
Largire, quaesumus, omnipotens Deus...	V 3240
Libera nos, Domine, ab omni malo...	V 3259
Libera nos, quaesumus, Domine, ab omnibus...	V 3263

– M –

Magnum nobis est semperque festivum...	V 3279
Maiestatem tuam, clementissime Pater...	V 3280
Maiestatem tuam, Domine [...] anima...	V 3285 a
Maiestatem tuam, Domine [...] animae...	V 3285 b
Memento, Domine, quaesumus, animae...	V 3309
Memor esto, Domine, fragilitatis humanae...	V 3316
Mensae caelestis [...] dilectione...	V 3326 a
Mensae caelestis [...] propinquitate...	V 3326 b
Mihi et omnibus offerentibus, Domine...	V 3343
Miserator et misericors Domine Iesu...	V 3354
Miserere nobis, Domine, miserere nobis...	V 3361
Miserere vivorum, Domine, qui sacerdotibus...	V 3371
Miserere, misericors Deus, animabus illis...	V 3359
Miserere, quaeso, clementissime Deus, mihi...	V 3364
Miserere, quaesumus, Domine, animabus...	V 3366
Misericordiam tuam, aeterne Deus...	V 3373
Misericors et miserator Domine, patiens...	V 3380
Multiplica, Domine, super animas famulorum...	V 3399
Multis coram te, Deus Pater, exsultantes...	V 3405
Munera, Domine, oblata sanctifica et animam...	V 3412 c
Munera, quaesumus, Domine [...] anima...	V 3483
Munera, quaesumus, Domine [...] requie...	V 3484
Munera, quaesumus, Domine quae pro nostra...	V 3482
Munera, tibi, Domine, dicanda, sanctifica...	V 3492

– N –

Ne perdideris nos, Domine, cum iniquitatibus...	V 3550
Nominibus sanctorum martyrum...	V 3554
Nominis tui, Christe, gratia praeclarum...	V 3555
Nominum serie relata defunctorum...	V 3556

– O –

Oblata tuis altaribus sereno, Deus, vultu...	V 3599 b
Oblationem familiae tuae sereno, quaesumus...	V 3613
Oblationes nostras [...] in honorem...	V 3623
Oblationes nostras [...] pro anima...	V 3624
Oblationes nostras, Domine, quaesumus...	V 3618
Oblationes nostras, quaesumus, Domine...	V 3622
Oblationibus nostris, quaesumus, Domine...	V 3630
Oblationis huius, Domine, placare...	V 3632
Oblatis tibi, Domine, libaminibus...	V 3643 b
Obsecramus, piissime Deus, ut qui...	V 3651
Offerentes tibi, Deus, has terrae nostrae...	V 3658
Offerentis famuli tui munera, piisime Deus...	V 3662
Offerentium nominibus recensitis...	V 3667
Offerentium nuncupatione comperta...	V 3669
Offerentium tibi, Deus Pater, vota...	V 3672
Offerentium vota ac sepultorum...	V 3674
Offerentium, Deus Pater, quaesumus...	V 3664
Offerentium, Domine, suscipe votum...	V 3665
Offerentium, pie Christe, suscipe vota...	V 3670
Offerentium, quaesumus, Domine, vota...	V 3671 b
Offerimus tibi, Domine, hostiam...	V 3683
Offerimus tibi, Domine, oblationem...	V 3688
Offerunt tibi, Domine virtutum, munera...	V 3697
Omnipotens aeterne Deus [...] et omnium...	VI 3705 b
Omnipotens aeterne Deus [...] ut in lucis...	VI 3705 a
Omnipotens aeterne Deus, qui humano...	VI 3703
Omnipotens aeterne Pater et Domine...	VI 3707
Omnipotens Domine Iesu Christe...	VI 3729
Omnipotens et misericors [...] apud quem...	VI 3735
Omnipotens et misericors [...] clementiam...	VI 3736

Omnipotens et misericors [...] in cuius...	VI 3744
Omnipotens et misericors [...] inclina...	VI 3745
Omnipotens et misericors [...] populum...	VI 3769 b
Omnipotens et misericors [...] propitius...	VI 3769 a
Omnipotens et misericors [...] unica salus...	VI 3772
Omnipotens sempiterne Deus [...] propitius...	VI 3785
Omnipotens sempiterne Deus [...] quaesumus...	VI 3786
Omnipotens sempiterne Deus, annue...	VI 3789
Omnipotens sempiterne Deus, collocare...	VI 3799
Omnipotens sempiterne Deus, conditor...	VI 3800
Omnipotens sempiterne Deus, conditor et...	VI 3801
Omnipotens sempiterne Deus, conservator...	VI 3803
Omnipotens sempiterne Deus, cui numquam...	VI 3809
Omnipotens sempiterne Deus, maestorum...	VI 3852 B
Omnipotens sempiterne Deus, maiestatem...	VI 3854
Omnipotens sempiterne Deus, misericordiam...	VI 3863
Omnipotens sempiterne Deus, qui contulisti...	VI 3914
Omnipotens sempiterne Deus, qui hunc diem...	VI 3956
Omnipotens sempiterne Deus, qui nos...	VI 3992
Omnipotens sempiterne Deus, qui vivorum...	VI 4064
Omnipotens sempiterne Deus, redemptor...	VI 4065
Omnipotentem ac misericordem Dominum...	VI 4090
Omnipotentem Deum ac Dominum nostrum...	VI 4091
Omnipotentiam tuam, Domine Iesu Christe...	VI 4095
Omnium sanctorum intercessionibus...	VI 4103
Opus misericordiae tuae est, sancte Pater...	VI 4107
Oramus te, Domine, pro famulo tuo illo...	I 172 c
Oramus te, Domine, sancte Pater, aeterne...	VI 4109 b
Oramus te, Domine, sancte Pater, omnipotens...	VI 4109 a
Oremus pro his, qui offerunt munera...	VI 4115
Oremus, fratres carissimi, pro caris nostris illis...	VI 4113
Oremus, fratres carissimi, ut haec oblatio nostra...	VI 4114

– P –

Pax aeterna, Domine Deus noster...	VI 4149
Peccata nostra, Domine, quaesumus...	VI 4160 b
Per haec veniat, quaesumus, Domine...	VI 4173 A
Per huius sacramenti mysterium...	VI 4183
Percepta, Domine, communio singularis...	VI 4189
Pietate tua, quaesumus, Domine...	VI 4227
Pietatis tuae, Christe Domine, rogamus...	VI 4232
Placeat tibi, Domine, sacrificii praesentis...	VI 4256
Populum tuum, quaesumus, omnipotens Deus...	VI 4298
Praesens sacrificium, Domine, quod tibi...	VI 4325
Praesta, Domine, quaesumus, animae famuli...	VII 4338 a
Praesta, Domine, quaesumus, ut [...] cuius...	VII 4342 a
Praesta, Domine, quaesumus, ut [...] his...	VII 4342 b
Praesta, Domine, ut sicut animas electorum...	VII 4362
Praesta, omnipotens Deus, per ineffabilem...	VII 4399
Praesta, quaesumus, Domine, animabus...	VII 4338 b
Praesta, quaesumus, Domine, ut [...] cuius...	VII 4424 a
Praesta, quaesumus, Domine, ut [...] episcopi...	VII 4425
Praesta, quaesumus, Domine, ut [...] per haec...	VII 4426
Praesta, quaesumus, Domine, ut [...] quam...	VII 4427
Praesta, quaesumus, Domine, ut [...] sacris...	VII 4424 b
Praesta, quaesumus, misericors Deus...	VII 4459
Praesta, quaesumus, omnipotens [...] ab angelis...	VII 4468
Praesta, quaesumus, omnipotens [...] episcopi...	VII 4469
Praesta, quaesumus, omnipotens [...] per haec...	VII 4462
Praesta, quaesumus, omnipotens [...] ut anima...	VII 4467
Praesta, quaesumus, omnipotens [...] ut per...	VII 4509
Praesta, quaesumus, omnipotens [...] ut qui...	VII 4522
Praesta, quaesumus, omnipotens et misericors...	VII 4571
Praesta, quaesumus, omnipotens et misericors...	VII 4570

Precamur te, habitator omnipotens...	VII 4605
Precamur, Domine, sancte Pater...	VII 4599
Preces nostras, quaesumus, Domine, clementer...	VII 4618
Preces nostras, quaesumus, Domine, quas...	VII 4624
Primum orationem diffusam secreta cordis...	VII 4640
Pro anima famuli tui illius, Domine...	VII 4641
Pro animabus famulorum tuorum illorum...	VII 4642
Pro caelestis convivii iucunditate gratias tibi...	VII 4645
Pro delictis nostris eieunio humilitatis...	VII 4646
Pro requie, Domine, animae famuli tui...	VII 4652
Proficiat, quaesumus, Domine, ad indulgentiam...	VII 4658
Proficiat, quaesumus, Domine, animabus...	VII 4659
Prolatis nominibus offerentium, humiliter...	VII 4665
Propitiare, Domine [...] et animam...	VII 4678
Propitiare, Domine [...] et animas...	VII 4680
Propitiare, Domine [...] et has oblationes...	VII 4685
Propitiare, Domine [...] pro anima famuli tui...	VII 4693 a
Propitiare, Domine [...] pro anima et spiritu...	VII 4693 b
Propitiare, Domine, animae famuli tui...	VII 4667
Propitiare, Domine, quaesumus, animae famuli...	VII 4676
Propitiare, quaesumus, Domine [...] et praesta...	VII 4701
Propitiare, quaesumus, Domine [...] pro qua...	VII 4702
Propitiare, quaesumus, Domine, animabus...	VII 4700
Propitiatorem nostris facinoribus, fratres...	VII 4708
Prosit, Domine, quaesumus, animae famuli tui...	VII 4734 b
Prosit, quaesumus, Domine, animae famuli tui...	VII 4734 a
Prosit, quaesumus, Domine, haec sacra...	VII 4735
Protegat nos, Domine, quaesumus, hostia...	VII 4753
Protege nos, quaesumus, Domine, gratia tua...	VII 4766 d
Purificent nos, quaesumus, omnipotens...	VII 4788
Purificet nos, quaesumus, Domine...	VII 4794 b

Purificet, Domine, quaesumus, indulgentia tua...	VII 4792
Purificet, quaesumus, Domine, famulum tuum...	VII 4794 c

- Q -

Quaesumus, Domine [...] et omnium...	VII 4841
Quaesumus, Domine [...] quorum...	VII 4842
Quaesumus, Domine Deus noster, ut...	VII 4822
Quaesumus, Domine Deus, ut, sicut profuit...	VII 4833
Quaesumus, Domine, [ut] famulo tuo illi...	VII 4846
Quaesumus, Domine, pro tua pietate miserere...	VII 4843
Quaesumus, omnipotens Deus, ut anima famuli...	VII 4869
Quaesumus, omnipotens Deus, vota humilium...	VII 4915 c

- R -

Recensitis nominibus [...] omnipotenti...	VIII 4960
Recensitis nominibus fratrum carorumque...	VIII 4957
Recensitis nominibus offerentium in beatae...	VIII 4959
Recensitis nominibus offerentium, Dominum...	VIII 4958
Recensitis offerentium nominibus, accincti...	VIII 4961
Recensitis offerentium nominibus, Deum...	VIII 4962
Recensitis offerentium nominibus, divinam...	VIII 4963
Recensitis, Domine, tuorum nominibus...	VIII 4956
Recitata nomina Dominus benedicat...	VIII 4964
Recitatis nominibus offerentium, fratres...	VIII 4966
Recolentes, Christe Deus, gloriosae passionis...	VIII 4967
Recte, Domine, per hos martyres tuos...	VIII 4972
Redemptio nostra et salus, Christe Domine...	VIII 4976
Redemptor noster Deus, qui in terra...	VIII 4986
Respice, clementissime Pater, hostiam...	VIII 5077
Rex noster et Domine, qui ex ore...	VIII 5130
Rogamus etiam, Domine, pro anima famuli...	VIII 5131

– S –

Sacramenta nos, quaesumus, Domine...	VIII 5139
Sacramenta, quae sumpsimus, Domine...	VIII 5144
Sacratam mysteriis caelestibus sedem...	VIII 5176
Sacris, Domine, muneribus vegetati, quaesumus...	VIII 5243
Salvator noster, salva nos solita pietate...	VIII 5285
Sancta tua nos, Domine, sumpta vivificent...	VIII 5300 B
Sancta tua, Domine, quae sumpsimus...	VIII 5295
Sanctae Dei Genetricis Mariae [...] angelorum...	VIII 5306
Sanctae Dei Genetricis Mariae [...] apostolorum...	VIII 5307
Sanctae Dei Genitricis Mariae et beatarum...	VIII 5309
Sancte Domine, qui apostolum tuum Petrum...	VIII 5320
Sanctifica tu, omnipotens Deus, ea, quae...	VIII 5386
Sanctifica, quaesumus, Domine, haec fidelium...	VIII 5378
Sanctorum memoratis nominibus, supplex te...	VIII 5420
Sanctorum tuorum intercessionibus, quaesumus...	VIII 5435
Sanctorum tuorum, Domine, communicantes...	VIII 5426
Sanctorum tuorum, Domine, vocabulis...	VIII 5433
Satiati caelestibus donis, omnipotens Deus...	VIII 5449 a
Satiati caelestibus donis, quaesumus...	VIII 5449 b
Satisfaciat tibi, Domine, quaesumus, pro anima...	VIII 5461
Si dignanter, Domine, repetitas tibi preces...	VIII 5474
Si nos, Domine, in oratione nostra mali...	VIII 5476
Solve, Salvator noster et Domine, nostrorum...	VIII 5511
Spes certa credentium, dominator Domine...	VIII 5512
Subveniat nobis, Domine, quaesumus...	VIII 5536
Sumentes, Domine, perpetuae sacramenta...	IX 5553 b
Sumpsimus, Domine [...] remedia...	IX 5571
Sumpsimus, Domine [...] sacramentum...	IX 5572
Sumpta sacramenta, Domine, nos absolvant...	IX 5607
Sumpta, quaesumus, Domine, sacramenta...	IX 5603

Sumptis, Domine, salutis nostrae subsidiis...	IX 5639
Supplicamus, omnipotens Deus, immensam...	IX 5672
Supplices, quaesumus, Domine, pro animabus...	IX 5686
Suscipe, clementissime Pater, hanc oblationem...	IX 5711
Suscipe, clementissime Pater, has oblationes...	IX 5713
Suscipe, clementissime Pater, hostiam...	IX 5714
Suscipe, clementissime Pater, omnipotens...	IX 5719 a
Suscipe, clementissime Pater, pro...	IX 5720
Suscipe, clementissime Pater, sanctas...	IX 5719 b
Suscipe, Domine Deus, hostias famuli...	IX 5724
Suscipe, Domine, haec munera pro animabus...	IX 5728
Suscipe, Domine, ieiunium nostrum...	IX 5732 b
Suscipe, Domine, preces nostras pro anima...	IX 5754
Suscipe, Domine, preces nostras, quas...	IX 5755
Suscipe, Domine, pro anima famuli tui...	IX 5758
Suscipe, Domine, propitius oblationem...	IX 5762
Suscipe, Domine, quaesumus, hostias...	IX 5771 a
Suscipe, Domine, quaesumus, preces nostras...	IX 5780
Suscipe, Domine, sacrificium, quod tibi...	IX 5786
Suscipe, Domine, spiritus nostri contritionem...	IX 5787
Suscipe, Iesu bone, in hoc natale Iacobi...	IX 5795
Suscipe, piisime Deus, in sinu patriarchae...	IX 5802
Suscipe, quaesumus, clementissime Deus...	IX 5807
Suscipe, quaesumus, Domine [...] offerimus...	IX 5771 b
Suscipe, quaesumus, Domine [...] placationis...	X 5813
Suscipe, quaesumus, Domine [...] quam tibi...	IX 5814
Suscipe, quaesumus, Domine [...] quas tibi...	IX 5771 c
Suscipe, quaesumus, Domine Iesu...	IX 5817
Suscipe, quaesumus, Domine, hanc oblationem...	IX 5842 b
Suscipe, quaesumus, Domine, hostias, quas tibi...	IX 5771 d
Suscipe, quaesumus, Domine, hostias...	IX 5815

Suscipe, quaesumus, Domine, misericors Pater...   IX 5818

Suscipe, sancta Trinitas, hanc oblationem...   IX 5842 a

Suscipite, gloriosissimi martyres sancti...   IX 5849

– T –

Te deprecamur, Domine, ut adsis precibus...   IX 5858

Te quaesumus, Iesu Domine Deus noster...   IX 5874

Te te, altissime Redemptor noster et Domine...   IX 5875

Te, Domine, Sancte Pater, omnipotens...   IX 5864

Te, omnipotens Deus, apud quem est immensa...   IX 5870

Tibi, Domine, commendamus animam famuli...   IX 5884

Translati corporis beati Saturnini sollemnia...   IX 5900

Tribue nobis, omnipotens Deus, concordiae...   IX 5911

Tuam proni, Domine, immensam quaesumus...   IX 5974

Tuam, Domine, in hac martyris tui Genesii...   IX 5972

Tuere nos, Domine, quaesumus, tua sancta...   IX 5990

Tuere, quaesumus, Domine, familiam tuam...   IX 5998 A

Tuis, Christe, credentes sermonibus...   IX 6003

– U –

Unde nos, Domine, et tua pietate confisi...   IX 6013

Unigenite Dei Filius, quem beatissimus...   IX 6016

Unigenite Dei Filius, qui beatissimam famulam...   IX 6017

Unigenite Filius Dei, qui melius contritione...   IX 6019

– V –

Via, veritas et vita, qui incarnari voluisti...   IX 6076

Vivificet nos, quaesumus, Domine, salutare...   IX 6102

Vota nostra, Domine, clementer intende...   IX 6106 a

III. CLAVSVLAE ORATIONVM

Voir *Corpus Orationum*, tomus XI, « Avertissement », p. 261.

– A –

... absolvi peccatis.	V 3259
... accipere peccatorum.	VI 4103
... adipisci mereantur.	VI 4183
... adiungi consortiis.	IX 5758
... adiuvari suffragiis.	V 3048
... adnotas, conscribe.	VI 3729
... adscripta retineat.	II 1145
... adstare concedas.	VI 4109 b
... aeterna concede.	III 2108 a
... aeterna possideat.	II 948
... aeterna possideat.	II 1144
... aeterna possideat.	II 1212
... aeterna possideat.	IV 2992
... aeterna possideat.	V 3157
... aeterna possideat.	VII 4338 a
... aeterna possideat.	VII 4338 b
... aeterna possideat.	VII 4700
... aeternam salutem.	I 791
... aeternam salvationem.	I 592
... agamus illaesi.	III 2314
... aggregetur consortio.	III 1757 b
... aliena promissis.	II 1481
... amœnitate requiescat.	V 3114
... amœnitate requiescat.	VI 3800
... angelicis choris.	IV 2613

... annumerari cum sanctis.	IV 2683
... apparuisi in carne.	IX 5817
... atque defende.	IV 2535

– B –

... baptismatis tinctione.	IX 5972
... beatae Genetricis.	VII 4605
... beatitudine collocare.	IV 2909
... beatitudinem largiatur.	VI 4114
... beatitudinis exspectent.	VII 4680
... beatitudinis locus.	I 585
... beatitudinis locus.	V 3672
... beatitudinis non negetur.	VIII 4963
... beatitudinis plenitudo.	II 1229
... beatitudinis portionem.	V 3688
... beneficiis copiosa.	VIII 5386
... benigne acquirant.	IV 2876 a
... benignitatis exspectent.	IX 5711
... benignus assume.	I 137
... benignus effectum.	IV 2702
... bona tua.	III 2298

– C –

... caelorum baptista.	VI 3956
... capiat sempiternam.	VII 4342 a
... capiat sempiternam.	VII 4342 b
... carnis conscientia.	V 3235
... castitatis insinuas.	IX 6017
... censeas deputari.	I 308
... christianis regibus.	V 3371
... civium supernorum.	V 3359
... clamentes, exaudias.	IV 2999

... cœtibus aggregentur.	I 342
... cognoscere veritatem.	II 1097
... combustio evanescat.	I 231
... commendet Ecclesiae.	VI 3789
... commoditate sustollat.	IV 2707
... commonitione edocetur.	IX 5795
... compensatione percipiat.	VIII 5461
... compleatur officium.	V 3055
... concedas portionem.	IX 5814
... concedatur aeterna.	I 627
... concedatur aeterna.	IV 2395
... concedatur aeterna.	IX 5874
... concede benignus.	I 225
... concede felicitatem.	V 3662
... concede propitius.	V 3326 b
... concede sempiternam.	III 2313
... concedere dignetur.	VIII 4959
... conferant gaudia.	VIII 5295
... conferant sempiternam.	I 429
... conferas mansionem.	IV 2618
... conferas observandam.	V 3082
... conferat praemium.	I 833
... conferat refrigerium.	VIII 4972
... conferat, his proventum.	VIII 5320
... conscribi praecipias.	III 1832
... consecratus martyrio.	II 1365
... consecuta est sacramentum.	V 3192 b
... consecuti sunt sacramentum.	V 3192 a
... consequantur in caelis.	V 3366
... consequatur effectum.	I 262
... consequi mansionem.	I 55

... consequi mereatur.	IV 2866 b
... consequi mereatur.	VII 4362
... consequi mereatur.	VII 4570
... consequi ministerium.	I 729
... consequi ministerium.	VII 4462
... consociare digneris.	VII 4693 a
... consortes efficias.	IV 2646
... consortia sacerdotum.	VII 4822
... consortio beatorum.	I 573
... consortio sanctorum.	VII 4652
... consortium electorum.	IX 5787
... constituas heredem.	IV 2945
... constituas redemptorum.	VII 4467
... constituas redemptorum.	IX 5686
... constitue sacerdotum.	V 3309
... cordibus offeruntur.	I 341
... cordibus viam.	IX 6016
... coronet aeterna.	I 560
... corporis hauriamus.	IV 2616
... corpus est de sepulcro.	IV 2785
... creare dignatus es.	V 3380
... credit Ecclesia.	II 1080
... criminum impetremus.	VIII 5130
... cuncta perducat.	VI 4173 A

– D –

... damnatione eripias.	IX 5639
... defende periculis.	V 3550
... defensio animarum.	IV 2903 b
... defunctis ad requiem.	III 2352
... defunctis impertiat.	V 3187
... defunctorum requie.	IV 2483

... delevisti peccata.	V 3492
... deputare digneris.	VI 4109 a
... desideravit, obtineat.	II 1211
... destituatur auxilio.	IV 2661
... devota veneretur.	II 1014
... devotione postulamus.	I 345
... devotione proficiat.	II 1195
... dignatus es ad medelam.	IX 5572
... dignatus es iudicem.	IX 6076
... dignatus est post triumphum.	V 3279
... digneris consortio.	VIII 5435
... digneris propitius.	VIII 5307
... discipulis commendaret.	V 3405
... dones et praemium.	IV 2980
... dones et praemium.	IX 5771 a
... dones et praemium.	IX 5771 b
... dones et praemium.	IX 5771 d
... donet et regno.	II 1154
... ducente, consortium.	I 366
... dulcedinis caritatem.	V 3343

– E –

... ei ignoscas.	V 3373
... eis mansionem.	I 128
... electorum perducas.	III 2334
... emundari a peccatis.	V 3141
... emundari delictis.	VII 4427
... eruantur a pœnis.	VIII 4976
... eruat a tormentis.	V 3651
... esse consortem.	I 315
... esse consortem.	II 913
... esse consortem.	V 3116 b

... esse consortem.	V 3116 c
... esse consortem.	VII 4469
... esse consortes.	III 2339
... esse consortes.	V 3116 a
... esse participem.	V 3412 c
... esse participes.	I 260
... esse participes.	IV 2834 b
... evasisse suppliciis.	I 641
... evasisse tormentis.	III 2355
... exaudias postulantes.	II 1202
... exaudire dignetur.	VI 4115
... exsultare in patria.	VIII 4967
... exsultatione concelebret.	I 238
... exuantur aeternis.	II 1278

– F –

... facias aggregari.	VI 3705 a
... facias aggregari.	VI 3809
... facias beatorum.	VII 4468
... facias conlaetari.	II 1102
... facias interire.	IV 2411
... facias pervenire.	VII 4667
... facias praesentari.	III 2156
... facias praesentari.	VIII 5449 a
... facias praesentari.	VIII 5449 b
... facias suscitare.	VIII 5131
... facilius mereamur.	III 2064
... feliciter sociati.	II 1592
... ferre dignetur.	VIII 5176
... fidelibus ad requiem.	VIII 5476
... fidelibus praestans.	III 2143
... fideliter ministravit.	I 740

... fidelium mereamur.   I 230

... fine laetentur.   II 1170

... fine laetifices.   V 3665

... flagella amoveas.   III 1830

... flagitantibus largiantur.   IX 6019

... fruamur gaudiis.   II 1157

... fuisse demonstras.   V 3087

– G –

... gaudeant adfuisse.   VI 3852

... gaudere de gratia.   III 1947

... gaudia conferant.   III 2292

... gaudia consequantur.   VIII 4964

... gaudia indefessa.   I 609

... gaudia sempiterna.   VI 3785

... gaudio fac videre.   III 1903

... gloriae plenitudo.   I 229

... gloriae regnum.   I 123

... gloriam consequatur.   I 849

... gloriam sempiternam.   IX 6102

... gloriam tribue.   V 3364

... gratia liberemur.   I 362

... gratiam sempiternam.   II 1050

... gratulationis exspectet.   IV 2919

... gremio collocentur.   VIII 4966

– H –

... habeant, non ruinam.   III 2191

... habeat cum sinistris.   IV 2787

... habeat cum sinistris.   IV 2840

... habeat potestatem.   III 1723

... habere portionem   I 152

... habere praesentem.	II 1232
... heredes constituas.	VI 4095
... hostias immolemus.	I 620
... humilitatis clament.	II 1106

– I –

... Iesum Christum.	II 1079
... immolare concede.	IV 2904
... immolata, peccatum.	I 264
... immolata, peccatum.	IV 2866 a
... impertiat medicinam.	IV 2548
... impertiri quietem.	V 3078
... impetrare defunctis.	III 2327
... impetrare defunctis.	IX 5732 b
... impetrare quietem.	I 514
... impetrare quietem.	II 1186
... impetrare salutis.	VII 4646
... impetremus aeternam.	V 3671 b
... impetretur aeterna.	V 3664
... indesinenter assistat.	III 2130
... indulgeas et abstergeas.	I 172 b
... indulgeas et extergeas.	I 172 a
... indulgeas et extergeas.	I 172 c
... indulgentiae sempiternae.	II 1182
... indulgentiam consequatur.	IV 2684 a
... indulgentiam consequatur.	IV 2944
... indultae beatitudinis.	I 836
... infidelitas Iudaeorum.	III 2323
... ingrediatur aeterna.	II 1017
... iniquitate defende.	IX 5990
... intercessione sanctificet.	VI 4091
... intercessionem sanctorum.	VIII 4958

... intercessores exsistant.   II 1358

... interire supplicio.   III 1722

... inveniet sempiternam.   V 3199

... invenire mercedem.   III 2083

... invenire sepulcrum.   III 2124

... invocaverunt, non condemnet.   V 3669

... ipsa tormenta.   VI 4090

... iubeas aggregari.   VII 4399

... iubeas angelorum.   I 56

... iubeas angelorum.   VIII 5512

... iubeas collocari.   III 2206

... iubeas connumerari.   VII 4659

... iubeas conscribi.   III 2204

... iubeas intimari.   V 3179

... iubeas praesignari.   II 1112

... iubeas sociari.   VII 4678

... iubeat aggregari.   I 338

... iucundari in patria.   II 1098

... iudicisque venturi.   I 44

... iunge consortiis.   I 436

... iungi consortio.   IX 5771 c

... iustificet quos redemit.   III 1768

– L –

... laetetur in caelis.   III 1757 c

... lapsum conversionem.   IX 5900

... largiaris aeternam.   I 48

... largiaris aeternam.   V 3354

... largiaris gaudiorum.   II 1140 a

... largiente, consequamur.   IX 5998 A

... largire beatam.   II 1487

... largire digneris.   IX 5672

... largire lucifluam.	V 3670
... largiri consortium.	V 3326 a
... largitate securum.	IV 2502
... largiter consequar.	I 494 c
... lenitate consuleat.	IV 2795
... liberari confidimus.	IV 2471
... liceat pervenire.	I 349
... luce constitue.	I 191
... luce laetentur.	III 2215 a
... luce laetentur.	III 2215 b
... lucem perpetuam.	V 3242 b
... lucis inveniant.	VII 4571
... luminis claritatem.	II 1210
... luminis claritatem.	II 1251

– M –

... mansura pro caducis.	I 314
... martyris tuearis.	VIII 5474
... medicina subveniat.	VII 4599
... mentis et corporis.	I 808
... mereamur in caelis.	V 3240
... mereamur in caelis.	VI 3854
... mereantur aeternam.	VII 4642
... mereatur ad vitam.	II 1141
... mereatur ad vitam.	IV 2754
... mereatur ad vitam.	V 3113
... meremur, averte.	VI 4160 b
... miserante, consortium.	VII 4734 a
... miserante, consortium.	VII 4734 b
... miserante, perveniat.	IX 5714
... miserante, perveniat.	IX 5719 b
... miserante, perveniat.	IX 5720

... miserante, proveniant.	V 3622
... miserante, proveniat.	VII 4685
... miserante, proveniat.	IX 5755
... miserantiae attribuas.	IV 2792
... miseratione correctos.	I 385
... miseratione suscipiat.	VIII 4960
... miseratus absolvas.	I 51
... miseratus auxilio.	IX 5724
... miseratus optatam.	II 1087 a
... miseratus optatam.	II 1087 b
... miserere propitius.	VI 4256
... misericordia deleantur.	IX 5754
... misericordiam consequamur.	IX 5719 a
... misericordiam consequantur.	IV 2987 b
... misericordiam consequantur.	IV 2987 c
... misericordiam consequatur.	IV 2922
... misericordiam consequatur.	IV 2987 a
... misericorditer dirigendo.	VI 4065
... mortalitate, non perdat.	VI 3744
... morte liberemur.	VII 4522
... mortuis consequantur.	II 1116
... mortuos suscitare.	III 1796
... munera contulisti.	VII 4869
... munere glorietur.	II 997
... munere gratuletur.	VII 4424 a
... munere gratuletur.	VII 4424 b
... mutare propositum.	I 163

– N –

... nobis attribuas.	VI 4149
... nobis attribuas.	IX 5911
... nomina recitantur.	I 483

... nostra peccata.   IV 2882

... nostrorum absolve.   IV 2958 a B

– O –

... oblata salute.   IX 5603

... obtemperet, non repugnet.   I 859

... obtineant veniam.   IX 5571

... obtinere mereantur.   VIII 4957

... obtinuisse solatia.   IV 2397

... offensionibus immolamus.   V 3145

... omnibus christianis.   V 3674

... omnimoda plenitudo.   I 790

... omnium animarum.   IV 2903 a

... omnium delictorum.   VII 4788

... omnium peccatorum.   I 630

... omnium peccatorum.   VII 4645

... opitulentur ad requiem.   I 346

– P –

... pace laetificet.   V 3131

... pace refrigera.   IV 2536

... pace refrigeres.   IV 2665

... paginis conscribantur.   I 343

... pariter et defuncti.   III 2282

... parte numeretur.   II 1146 a

... partem restitue.   VII 4843

... patiatur absorbi.   V 3089

... pausationis quietem.   I 629

... peccata dimittat.   I 348

... penitus alieni.   III 1739

... percepisse remedia.   III 2108 b

... percipere fructum.   VIII 5511

... percipere mereatur.	VII 4426
... percipere peccatorum.	I 271
... percipiant beatitudinem.	IX 5807
... perditionis incursu.	VIII 5536
... perennis(-em) infunde.	VII 4846
... perfectione mercedem.	V 3242 a
... perfruantur aeterna.	IX 5842 a
... perfruatur aeterna.	IX 5842 b
... perfrui beatorum.	V 3117
... perfrui laetitia.	VII 4701
... perfrui mereatur.	VI 3801
... perfrui sempiterna.	II 1600
... periculo defende.	VIII 5139
... pervenire concedant.	IV 2797
... pervenire concedas.	III 2205
... pervenire consortium.	VI 3736
... pervenire mereantur.	II 1139
... pervenire mereatur.	IV 2924
... pietate indulgeas.	V 3210
... pietate requiescat.	V 3483
... pietate succurre.	III 2190
... pietatis absolvat.	II 1143
... pietatis absterge.	IX 5884
... pietatis ad veniam.	IX 5802
... pietatis averte.	IV 2485
... pietatis succurat.	V 3280
... piisime largiendo.	II 1175
... plenitudinem gaudiorum.	I 222
... plenitudinem gaudiorum.	II 1332
... plenitudinem gaudiorum.	V 3399
... plenitudinem gaudiorum.	V 3624
... plenitudinem gaudiorum.	VII 4509

... plenitudinem gaudiorum.	VIII 5144
... pœnas exstinguat.	I 43
... populis christianis.	I 616
... praecipias sociari.	VI 3703
... praelargiri defunctis.	V 3599 b
... praemia acquirat.	V 3630
... praemia perveniant.	VI 4078
... praemia pervenire.	II 1590
... praenotari in pagina.	I 604
... praeparent expiatos.	VIII 5300 B
... praepares mansionem.	IV 2531
... praesentibus et futuris.	IV 2390
... praestare defunctis.	I 618
... praestare defunctis.	V 3658
... praestare defunctis.	IX 5974
... praestatur aeterna.	VII 4640
... praestetur ad requiem.	I 107
... praestetur ad requiem.	I 130 a
... praestetur ad requiem.	VI 3786
... praestetur aeterna.	V 3613
... precibus adiuvemur.	I 340
... primordia sunt ostensa.	I 610
... proficiant ad quietem.	III 2160
... proficiant defunctorum.	IX 5713
... proficiant sempiternam.	V 3220 a
... proficiat ad medelam.	V 3623
... proficiat ad medelam.	IX 5762
... proficiat ad salutem.	I 347
... proficiat ad salutem.	VI 4325
... proficiat ad salutem.	VII 4618
... proficiat ad salutem.	VIII 5077
... proficiat defunctorum.	IV 2918

... proficiat defunctorum.	VII 4842
... promereri consortia.	IX 5875
... promissa perducas.	IX 5553 b
... propitiatio potestatis.	I 675 a A
... propitiationis custodiat.	VI 3769 a
... propitiatus afflictis.	V 3316
... propitius largire.	IV 2959
... prorogari defunctis.	V 3059
... prosint ad indulgentiam.	III 2246
... prosit ad veniam.	VII 4753
... protectione defendi.	II 993 a D
... protegatur auxilio.	II 1042
... provenire salutem.	V 3482
... provenire subsidium.	IV 3005 b B
... purificare correptum.	IV 2451

– Q –

... quiete laetifices.	VIII 5433
... quietis impertias.	I 320
... quietis indulgeas.	IV 2951

– R –

... recedat exemplis.	II 1623
... recipere consecrata.	III 2226
... recipiant beatitudinem.	VII 4459
... redemisti sanguine.	III 1751 a
... redemptione muniat.	VII 4792
... redemptionem proficiant.	V 3484
... reficiantur aeternae.	VIII 5378
... refrigerare dignetur.	VI 4113
... refrigerium deposcant.	IX 5864
... regione concede.	VI 3705 b

... regione gaudere.	V 3683
... regione viventium.	VII 4665
... regione vivorum.	I 712
... regione vivorum.	I 860
... regione vivorum.	IV 2463
... regione vivorum.	IX 5813
... regione vivorum.	IX 5870
... regna perducat.	IV 3019 D
... regni caelestis.	IV 2876 b
... regno caelorum.	IX 5728
... regno participet.	V 3556
... regno vivorum.	II 1124
... relaxari delicta.	I 272 C
... relevare digneris.	VIII 5243
... remedia impetremus.	I 57
... remedia impetremus.	V 3072
... remedia largiantur.	III 1904
... remedia postulata.	VII 4833
... remunerare dignetur.	II 1083
... remuneratio declaretur.	IV 2571
... remuneratione perlustret.	IX 5849
... repausationis felicitatem.	I 232
... repausationis solatium.	III 2356
... repraesentari mereatur.	VI 3803
... requie defunctorum.	V 3697
... requiem aeternam.	VII 4735
... requiem defunctorum.	I 329
... requiem dona.	VIII 5420
... requiem praesta.	V 3361
... requiem praestes.	VIII 5285
... requiem praestet.	I 6
... requiem se ostendat.	III 1736

... requiem sempiternam.	II 1089
... requiem sempiternam.	II 1644
... requiem sempiternam.	V 3191
... requiem sempiternam.	VI 3992
... requiem sempiternam.	VII 4676
... requiem sempiternam.	VIII 4956
... requiem sempiternam.	VIII 5309
... requiem transferantur.	III 2328
... requies exoptata.	I 234
... requies impetretur.	II 1236
... requies sempiterna.	V 3188
... requies tribuatur.	I 872
... resurrectione, qua futurus est.	V 3667
... ressurectionis obtineant.	I 339
... resurrectionis admittat.	III 2241
... resurrectionis exspectent.	II 917
... resurrectionis laetitiam.	VI 3772
... resurrectionis praestoletur.	IX 5818
... resuscitari praecipias.	VI 3799
... resuscitari praecipias.	VI 3863
... resuscitatus respiret.	I 16
... retributio condonetur.	VII 4702

– S –

... sancta perficiat.	VI 3769 b
... sanctificata custodiat.	VIII 4961
... sanctificati et coronati.	I 493
... sanctorum coniunge.	IX 5786
... sanguine redemisti.	III 1751 b
... sede laetetur.	IX 5780
... sede potiatur.	III 1757 a
... semper aequalis.	III 2353

... semper auxilientur.	VIII 4986
... semper et muniat.	IV 3022
... semper exsultet.	VII 4425
... semper inveniat.	I 504 a
... sempiterna possideat.	IV 2534
... sempiternae quietis.	VIII 5426
... sempiternam largire.	V 3081
... sempiternam tribuas.	IX 6013
... sentiamus cessare.	VII 4766 d
... sentiat liberatum.	I 755
... sentit in pœnis.	V 3263
... sine fine.	I 101
... sine fine.	V 3045
... sociare digneris.	VII 4693 b
... societate iustorum.	IV 2644
... societate iustorum.	V 3555
... societate laetetur.	II 1123
... societate laetetur.	IV 2968
... societate laetetur.	VII 4624
... societatem concede.	II 1177
... societatibus aggregentur.	II 1146 b
... soles indignis.	V 3200
... sorte iustorum.	III 1751 c
... sorte iustorum.	V 3285 b
... sorte pastorum.	V 3285 a
... sorte requiescat.	VI 3914
... speraverunt et crediderunt.	I 261
... spiritalibus donis.	IV 2766
... spiritibus sepultorum.	I 578
... spiritus consoleris.	III 2354
... spirituum beatorum.	IX 5607

... submoveat ultionem.	III 1899
... subsidium praestes.	IV 2914
... sumentibus ad salutem.	VII 4708
... sumus ad vitam.	IX 6003
... supplicationibus consequantur.	I 460 a
... supplicationibus consequantur.	I 460 b
... supplicationibus consequantur.	II 1484
... supplicationibus consequantur.	IV 2684 b A
... supplicationibus consequantur.	VII 4915 c
... suppliciter immolamus.	V 3618
... suppliciter immolamus.	IX 5815

– T –

... temporale subsidium.	VI 4189
... terra viventium.	IV 2940
... terra viventium.	V 3202
... transferatur Abrahae.	VI 4107
... transigere mereamur.	I 613
... tribuantur perenniter.	V 3554
... tribue mansionem.	V 3115
... tribue peccatorum.	II 1178
... tribue peccatorum.	V 3632
... tribue peccatorum.	VII 4794 b
... tribue peccatorum.	VII 4794 c
... Trinitate confessi sunt.	II 1191
... tuae deleatur.	II 1589 c
... tuae divinitatis.	IX 6106 a
... tuam accipe.	IV 2906
... tuarum sentiatur.	VI 3745

– U –

... ubertas sustentet.	V 3643 b

– V –

... vegetata ministrat.	IV 2899
... velociter prostrati.	III 2262
... venia deleantur.	I 173
... venia deleantur.	IV 2453
... venia deleantur.	VII 4841
... venia gratulari.	VI 4298
... venia post ruinam.	V 3040
... veniam consequantur.	VI 4064
... veniam pertinere.	I 350
... veniam praestes.	VI 3707
... veniam promereri.	II 1173
... venias, incorruptum.	V 3049
... venire habitationem.	VII 4658
... vita viventibus.	IX 5858
... vitam aeternam.	VIII 5306
... vitam concede.	VI 4227
... viventibus ad salutem.	VI 4232
... viventibus quam pro defunctis.	III 2227
... viventibus vel defunctis.	I 606
... viventium evadant.	VIII 4962
... vivifica in me.	I 332
... voluisse sufficiat.	VI 3735
... vota perficias.	VII 4641

IV. CANON MISSAE

Voir *Corpus Orationum*, tomus X, « Avertissement ».

« Hanc igitvr... »

Pro infirmo qui proximus est morti

X 6210

Pro defuncto in ipso die

X 6205 a

In die depositionis defuncti

X 6205 b
X 6227
X 6228

In depositionis defuncti tertio, septimo, trigesimo die vel annuali

X 6160

Per trigenarium

X 6205 b

In anniversario unius defuncti

X 6161
X 6202

In anniversario plurimorum defunctorum

X 6185 b

Pro uno defuncto / Missa unius defuncti

X 6162
X 6186
X 6194
X 6196 b

X 6199
X 6200
X 6202
X 6234 b

In agenda plurimorum defunctorum / Pro (pluribus) defunctis

X 6151
X 6191 [Valet etiam pro uno sacerdote defuncto]
X 6229
X 6230 a
X 6235 b

Pro defunctis laicis

X 6234 a
X 6235 a

In transitu unius monachi / Pro fratribus defunctis

X 6226 b
X 6228

Missa communis abbatis et congregationis simulque omnium vivorum et defunctorum

X 6207

Pro defuncto diacono

X 6159

Pro defunctis sacerdotibus

X 6159
X 6161
X 6196 b
X 6199
X 6232 [Valet etiam in die depositionis unius sacerdotis defuncti]
X 6245 b [Valet etiam pro episcopo defuncto]

Pro sacerdote sive abbate defuncto

X 6226 a

Pro episcopis defunctis vel sacerdotibus

X 6206

Pro episcopo vel abbate sibique commissis et coniunctis ac salute viventium et defunctorum

X 6230 b

Pro (archi)episcopo defuncto

X 6204
X 6206
X 6246

In cœmeteriis

X 6185 b
X 6196 a
X 6231

Mense octobris, super defunctos

X 6185 a
X 6245 a [Valet etiam pro episcopo defuncto]

Pro defuncto nuper baptizato

X 6194

Pro defunctis desiderantibus paenitentiam et minime consequentibus

X 6193 [Valet etiam in depositione defuncti]
X 6201 [Valet etiam in depositione defuncti]

Pro defuncto de cuius anima dubitatur

X 6169

Pro salute vivorum et mortuorum

X 6192
X 6195

Orationes et preces in eiusdem basilicae conditoris defuncti agendis

X 6203

Orationes quas pro necessitatibus simul viventium et defunctorum cantare debemus

X 6213

Missa communis seu generalis

X 6224
X 6243

⟨ *Missa votiva, infra actionem* ⟩

X 6236

« Memento... »

X 6272 a A [Commemoratio defunctorum infra canonem]
X 6272 a B [Oratio super episcopum defunctum]
X 6272 b [Commemoratio defunctorum]

Post Sanctvs

X 6275 [Desideratur rubrica sed valet procul dubio pro defunctis]
X 6289 [Missa de uno defuncto]
X 6317 [Ordo missa [sic] pro defunctis (in die depositionis)]
X 6379 [Alia missa de Adventu Domini nostri Iesu Christi]
X 6457 [Ordo ad missam de defunctis]
X 6458 [Ordo ad missam de sacerdote defuncto]
X 6491 [Missa dominicalis Va]

Ante Orationem Dominicam

X 6550 [Missa de defunctis]
X 6559 [Missa de uno defuncto]
X 6663 [Ordo ad missam de sacerdote defuncto; valet etiam pro
omnibus ceteris defunctis]

Post Orationem Dominicam

X 6729 [Missa pro defuncto de cuius anima dubitatur]

CONSPECTVS MATERIAE

Préface 7
   Introduction 7
   Doctrine de la liturgie des défunts 8
   Présentation du répertoire 9

Bibliographie 11

I. Les oraisons des défunts 13
   I. Oraisons *ante mortem* 13
   II. Oraisons *post mortem* et avant la sépulture 14
   III. Oraisons de l'Office des défunts 14
   IV. Oraisons de la Messe des défunts 15
   V. Oraisons pour la sépulture des défunts 20
   VI. Oraisons pour les clercs défunts 20
   Orations diverses mentionnant les défunts 22
   Per Annum 22
   In Adventu 25
   In Tempore Nativitatis 25
   In Quadragesima 25
   Per Hebdomadam Sanctam 27
   In Tempore Pascali 27
   In Festivitatibus Sanctorum 29
   In Communibus Sanctorum 36
   In Aliis Precationibus 37

II. Initia orationum 39

III. Clausulae orationum 59

IV. Canon missae 79
   « Hanc igitur... » 79
   « Memento... » 82
   Post Sanctus 82
   Ante Orationem Dominicam 82
   Post Orationem Dominicam 82

CONSOLARE DEFVNCTOS,
DOMINE.

Voir II 1365, III 1768, III 1796, V 3354, VI 4149, VII 4599, VIII 5386 passim.
Voir aussi *Catéchisme de l'Église Catholique*, §1032.